本書係「敦煌文獻系統性保護整理出版工程」項目成果

二〇二一—二〇三五年國家古籍工作規劃重點出版項目

「十四五」國家重點出版物出版規劃項目

國家古籍整理出版專項經費資助項目

中國國家圖書館藏敦煌文獻

中國國家圖書館 編

第三九册

BD00547～BD00569

國家圖書館出版社

DUNHUANG MANUSCRIPTS IN THE NATIONAL LIBRARY OF CHINA

039

BD00547 ~ BD00569

compiled by the

National Library of China

National Library of China Publishing House

顧問　方廣錩　郝春文　榮新江　李際寧

編纂出版　張志清　魏崇　陳紅彦　殷夢霞　薩仁高娃
謝冬榮　劉波　林世田　廖生訓

編纂　林世田　薩仁高娃　常蓋心　于瑞　劉毅超
劉波　劉炳梅　周升川　劉婷　程佳羽
沈艷麗　高雅

編輯　潘竹　程魯潔　黃鑫　苗文葉

審稿　孫彦　宋志英　鄧咏秋

凡例

一　本書刊布中國國家圖書館藏敦煌文獻，以館藏編號爲序編排。

二　館藏編號采用「BD+流水號」格式，如BD00001, BD16579等。背面在編號後加v表示。一個編號包含多件文獻者，編號後分别綴以字母A, B, C等。一件文獻含有多個内容者，以數字-1, -2, -3等標明順序。

三　圖版有縮印或放大處另加説明，尺寸超出本書幅面的以摺葉形式呈現。

四　卷軸裝、梵夾裝、經摺裝等裝幀形制的敦煌文獻，各附外觀圖像。

五　每件文獻依次呈現外觀、正面、背面等。背面僅刊布有文字、圖像或其他要素的圖版，而略去素紙部分，背面圖版同樣以從右到左順序編排。凡有外題者，遵從以上原則。

六　除個別特殊情況外，爲保證閱讀連貫、流暢，圖版儘量通欄呈現。

七　各葉上方附該件文獻全圖，以高亮形式顯示本葉大圖在全卷中的位置。部分長卷文獻全圖衹能分多段呈現時，在上段末以‹符標示下段接續。卷尾内容不足一葉時，文獻全圖使用該圖卷尾部分，亦以‹符標示。背面圖版文字與正面文字方向相反時，文獻全圖按原貌顯示，正文翻轉呈現，以便閲讀研究，用⟲符標示。

八　文獻題名大體沿用中國國家圖書館此前所編多部敦煌文獻目録的考證，部分吸收學界最新研究成果略作調整和完善。文獻題名綜合參考原卷首題、尾題、外題確定，如原卷題名與該文獻正式名稱不同，則采用正式名稱；無題名者，或比定題名，或擬定新名。非漢文文獻在題名前標注語種。有分卷不同等其他情況者，括注於文獻名稱後。

九　本書著録使用通行繁體字，涉及原文中的人名、地名等，必要時保留原字形。

About this publication

1. The documents are presented in shelfmark order.
2. The shelfmarks are in the form BD plus a running number, eg. BD00001, BD16579, &c. If a given shelfmark contains multiple documents, these are distinguished by the letters A, B, C, &c. If a document has multiple contents, they are distinguished by the numbering 1, 2, 3, &c. The verso side of an item is indicated by the letter v.
3. If it has been necessary to reduce or enlarge the size of an illustration, the dimensions are indicated. If the size of an illustration exceeds the size of the book, a folding sheet is used.
4. If the document is a scroll, a folded sutra, or has a stitched binding, a picture of the whole object is provided to show its external appearance.
5. The cover, front, and back of each document are reproduced in sequence. The back of a document is only reproduced if it contains text, illustrations, or other markings, and it is oriented from right to left. If it is blank it is not reproduced.
6. Except in a few special cases, the lines of text are reproduced unbroken to make them coherent and easier to read.
7. An illustration of the complete document is reproduced at the top of each page, and the section where the main illustration appears is highlighted in order to indicate its position. If it has only been possible to reproduce a long scroll in sections, the direction symbol has been used to indicate where one illustration ends and the next one begins. If the end of the scroll occupies less than one page, the direction symbol is used to indicate its position in the illustration of the complete document. If the text on the back of the document has a different orientation from the text on the front, it is reproduced as it is, but is also rotated (indicated with the rotation symbol) so that it can be read easily.
8. The titles of the documents generally conform with those already established by the Library, but in some cases have been amended by drawing on the most recent scholarly research. The titles are derived firstly from the beginning of the text, then from the end of the text, and lastly from the cover. If the title of a document differs from its authoritative form, the authoritative form is used; and if a document has no title, one is either supplied by comparison with similar documents, or a new one is devised. If the document is not in Chinese, its language is indicated before the title. If the number of juan is different from that of the authoritative version, or if there are other irregularities, this is noted.
9. The documents in the book are in traditional Chinese characters. Where the title contains personal or place names, the original characters used for these names are retained.

(Translated by David Helliwell)

第三九册目録

BD00547 妙法蓮華經卷七

（後秦）鳩摩羅什 譯

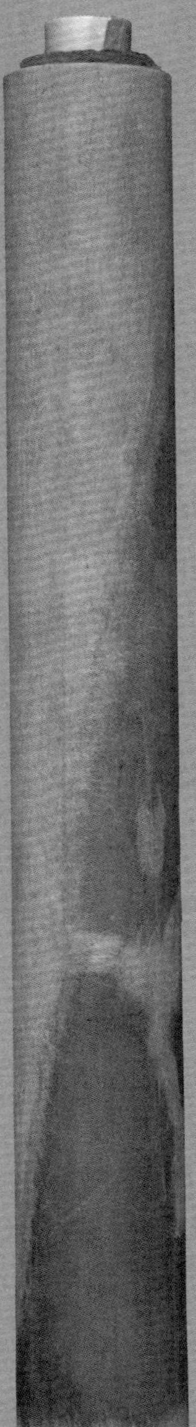

312.5cm × 25.5cm

於是二子念
虛空高七多羅樹現種種神變
於虛空中行住坐卧身上出水身下出火身
下出水身上出火或現大身滿虛空中而復
現小小復現大於空中滅忽然在地入地如
水履水如地現如是等種種神變令其父王
心淨信解時父見子神力如是心大歡喜得
未曾有合掌向子言汝等師爲是誰誰之弟
子二子白言大王彼雲雷音宿王華智佛今
在七寶菩提樹下法座上坐於一切世間天
人衆中廣說法華經是我等師我是弟子父
語子言我今亦欲見汝等師可共俱往於是
二子從空中下到其母所合掌白母父王今
已信解堪任發阿耨多羅三藐三菩提心我

等為父已作佛事願母見聽於彼佛所出家
脩道尒時二子欲重宣其意以偈白母
願母放我等　出家作沙門　諸佛甚難值　我等隨佛學
如優曇波羅　值佛復難是　脫諸難亦難　願聽我出家
母即告言聽汝出家所以者何佛難值故於
是二子白父母言善哉父母願時往詣雲雷
音宿王華智佛所親近供養所以者何佛難
得值如優曇波羅華又如一眼之龜值浮木
孔而我等宿福深厚生值佛法是故父母當
聽我等令得出家所以者何諸佛難值時亦
難遇彼時妙莊嚴王後宮八万四千人皆悉
堪任受持是法華經淨眼菩薩於法華三昧
久已通達淨藏菩薩已於无量百千万億劫
通達離諸惡趣三昧欲令一切衆生離諸惡
趣故其王夫人得諸佛習三昧能知諸佛祕

通達離諸惡趣三昧欲令一切衆生離諸惡
趣故其王夫人得諸佛習三昧能知諸佛祕
密之藏二子如是以方便力善化其父令心
信解好樂佛法於是妙莊嚴王與群臣眷屬
俱淨德夫人與後宮采女眷屬俱其王二子
與四万二千人俱一時共詣佛所到已頭面
礼足繞佛三帀却住一面尒時彼佛爲王說
法示教利喜王大歡悅尒時妙莊嚴王及其
夫人解頸真珠瓔珞價直百千以散佛上於
虛空中化成四柱寶臺臺中有大寶床敷百
千万天衣其上有佛結跏趺坐放大光明尒時
妙莊嚴王作是念佛身希有端嚴殊特成
就第一微妙之色時雲雷音宿王華智佛告
四衆言汝等見是妙莊嚴王於我前合掌立
不此王於我法中作比丘精勤脩習助佛道

法當得作佛号娑羅樹王國名大光劫名大
高王其娑羅樹王佛有无量菩薩衆及无量
聲聞其國平正功德如是其王即時以國付
弟與夫人二子并諸眷屬於佛法中出家脩
道王出家已於八万四千歲常勤精進脩行
妙法華經過是已後得一切淨功德莊嚴三
昧即升虛空高七多羅樹而白佛言世尊此
我二子已作佛事以神通變化轉我耶心令
得安住於佛法中得見世尊此二子者是我
善知識為欲發起宿世善根饒益我故來生
我家尒時雲雷音宿王華智佛告妙莊嚴王
言如是如是如汝所言若善男子善女人種
善根故世世得善知識其善知識能作佛事
示教利喜令入阿耨多羅三藐三菩提大王
當知善知識者是大因緣所謂化導令得見

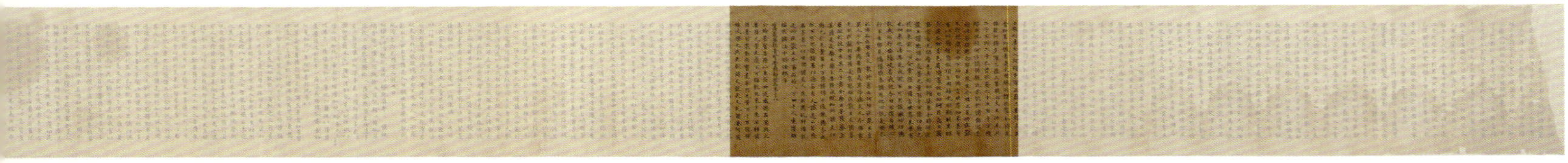

示教利喜令入阿耨多羅三藐三菩提大王
當知善知識者是大因緣所謂化導令得見
佛發阿耨多羅三藐三菩提心大王汝見此
二子不此二子已曾供養六十五百千万億
那由他恒河沙諸佛親近恭敬於諸佛所受
持法華經愍念邪見衆生令住正見妙莊嚴
王即從虛空中下而白佛言世尊如來甚希
有以功德智慧故頂上肉髻光明顯照其眼
長廣而紺青色眉間毫相白如珂月齒白齊
密常有光明脣色赤好如頻婆菓尒時妙莊
嚴王讚歎佛如是等无量百千万億功德已
於如來前一心合掌復白佛言世尊未曾有
也如來之法具足成就不可思議微妙功德
教戒所行安隱快善我從今日不復自隨心
行不生邪見憍慢瞋恚諸惡之心說是語已

礼佛而出佛告大衆於意云何妙莊嚴王豈
異人乎今華德菩薩是其淨德夫人今佛前
光照莊嚴相菩薩是哀愍妙莊嚴王及諸眷
屬故於彼中生其二子者今藥王菩薩藥上
菩薩是是藥王藥上菩薩成就如此諸大功
德已於无量百千万億諸佛所殖衆德本成
就不可思議諸善功德若有人識是二菩薩
名字者一切世間諸天人民亦應礼拜佛說
是妙莊嚴王本事品時八万四千人遠塵離
垢於諸法中得法眼淨

妙法蓮華經普賢菩薩勸發品第二十八

尒時普賢菩薩以自在神通威德名聞與大
菩薩无量无邊不可稱數從東方來所經諸
國普皆震動雨寶蓮華作无量百千万億種
種伎樂又與无數諸天龍夜叉乾闥婆阿脩

種伎樂又與无數諸天龍夜叉乾闥婆阿脩
羅迦樓羅緊那羅摩睺羅加人非人等大衆
圍繞各現威德神通之力到娑婆世界耆闍
崛山中頭面礼釋迦牟尼佛右繞七帀白佛
言世尊我於寶威德上王佛國遥聞此娑婆
世界說法華經與无量无邊百千万億諸菩
薩衆共来聽受唯願世尊當為說之若善男
子善女人於如来滅後云何能得是法華經
佛告普賢菩薩若善男子善女人成就四法
於如来滅後當得是法華經一者為諸佛護
念二者殖衆德本三者入正定聚四者發救
一切衆生之心善男子善女人如是成就四
法於如来滅後必得是經尒時普賢菩薩白
佛言世尊於後五百歲濁惡世中其有受持
是經典者我當守護除其衰患令得安隱使

无伺求得其便者若魔若魔子若魔女若魔
民若為魔所著者若夜叉若羅刹若鳩槃茶
若毗舍闍若吉蔗若富單那若韋陁羅等諸
惱人者皆不得便是人若行若立讀誦此經
我尒時乘六牙白象王與大菩薩衆俱詣其
所而自現身供養守護安慰其心亦為供養
法華經故是人若坐思惟此經尒時我復乘
白象王現其人前其人若於法華經有所忘
失一句一偈我當教之與共讀誦還令通利
尒時受持讀誦法華經者得見我身甚大歡
喜轉復精進以見我故即得三昧及陁羅尼
名為旋陁羅尼百千万億旋陁羅尼法音方
便陁羅尼得如是等陁羅尼世尊若後世後
五百歲濁惡世中比丘比丘尼優婆塞優婆
夷求索者受持者讀誦者書冩者欲脩習是

BD00547　妙法蓮華經卷七

義求索者受持者讀誦者書寫者欲脩習是
法華經於三七日中應一心精進滿三七日
已我當乘六牙白象與无量菩薩而自圍繞
以一切衆生所憙見身現其人前而為説法
示教利喜亦復與其陀羅尼呪得是陀羅尼
故无有非人能破壞者亦不為女人之所惑
亂我身亦自常護是人唯願世尊聽我説此
陀羅尼即於佛前而説呪曰
阿檀地途賣反一 檀陀婆地二 檀陀婆帝三 檀地
鳩舍隸四 檀陀脩陀隸五 脩陀隸六 脩陀羅
婆底七 佛馱波羶祢八 薩婆陀羅尼阿婆多
尼九 薩婆婆沙阿婆多尼十 脩阿婆多尼十一
僧伽婆履叉尼十二 僧伽涅伽陀尼十三 阿僧祇十四
僧伽波伽地十五 帝隸阿惰僧伽兜略盧遮反阿羅帝
波羅帝十六 薩婆僧伽三摩地伽蘭地十七 薩婆

達磨脩波利剎帝十八薩婆薩埵樓馱憍舍略
阿㝹伽地十九辛阿毗吉利地帝二十
世尊若有菩薩得聞是陁羅尼者當知普賢
神通之力若法華經行閻浮提有受持者應
作此念皆是普賢威神之力若有受持讀誦
正憶念解其義趣如說脩行當知是人行普
賢行於无量无邊諸佛所深種善根為諸如
來手摩其頭若但書寫是人命終當生忉利
天上是時八万四千天女作衆伎樂而來迎
之其人即著七寶冠於采女中娛樂快樂何
況受持讀誦正憶念解其義趣如說脩行若
有人受持讀誦解其義趣是人命終為千佛
授手令不恐怖不墮惡趣即往兜率天上祢
勒菩薩所祢勒菩薩有三十二相大菩薩衆
所共圍繞有百千万億天女眷屬而於中生

所共圍繞有百千万億天女眷屬而於中生
有如是等功德利益是故智者應當一心自
書若使人書受持讀誦正憶念如說脩行世
尊我今以神通力守護是經於如來滅後閻
浮提內廣令流布使不斷絕尒時釋迦牟尼
佛讚言善哉善哉普賢汝能護助是經令多
所衆生安樂利益汝已成就不可思議功德
深大慈悲從久遠來發阿耨多羅三藐三菩
提意而能作是神通之願守護是經我當以
神通力守護能受持普賢菩薩名者普賢若
有受持讀誦正憶念脩習書寫是法華經者
當知是人則見釋迦牟尼佛如從佛口聞此
經典當知是人供養釋迦牟尼佛當知是人
佛讚善哉當知是人為釋迦牟尼佛手摩其
頭當知是人為釋迦牟尼佛衣之所覆如是

之人不復貪著世樂不好外道經書手筆亦
復不憙親近其人及諸惡者若屠兒若畜猪
羊雞狗若獵師若衒賣女色是人心意質直
有正憶念有福德力是人不為三毒所惱亦
不為嫉妬我慢邪慢增上慢所惱是人少欲
知足能脩普賢之行普賢若如來滅後後五
百歲若有人見受持讀誦法華經者應作是
念此人不久當詣道場破諸魔衆得阿耨多
羅三藐三菩提轉法輪擊法鼓吹法螺雨法
雨當坐天人大衆中師子法座上普賢若於
後世受持讀誦是經典者是人不復貪著衣
服卧具飲食資生之物所願不虛亦於現世
得其福報若有人輕毀之言汝狂人耳空作
是行終无所獲如是罪報當世世无眼若有
供養讚歎之者當於今世得現果報若復見

供養讚歎之者當於今世得現果報若復見
受持是經者出其過惡若實若不實此人現
世得白癩病若輕咲之者當世世牙齒踈缺
醜脣平鼻手脚繚戾眼目角睞身體臭穢惡
瘡膿血水腹短氣諸惡重病是故普賢若見
受持是經典者當起遠迎當如敬佛說是普
賢勸發品時恒河沙等无量无邊菩薩得百
千億旋陀羅尼三千大千世界微塵等諸菩
薩具普賢道佛說是經時普賢等諸菩薩舍
利弗等諸聲聞及諸天龍人非人等一切大
會皆大歡喜受持佛語作礼而去

妙法蓮華經卷第七

BD00548 四分律戒本疏卷三

沙門慧 述

65.5cm × 26.5cm

四分戒本疏卷第三
諸大德是九十波逸提法半月半月說戒…
說儀及陳戒本、放聞清淨此標文也　初約…
言總相者一約身口分別二約自他兩業三…
制不同六約二部同異七就下衆任運　初身口者…
卅一戒身業戒犯二有卅九戒身口合犯　口廿諸
得道說法過五二六嫌罵輕教識教十日…
年發居同宿覆悔自說已悔无根謗等是…
覆爲居往衣居坐過受別衆二食五十非時殘宿不受外道食舉請二…
軍陣十如非時食四者皆非道名身業此所說不餘類可知第三…
戲過洗擊擊歷白色三衣二面打博突入等是　身口合犯卅九者位以爲…
一有兩戒身口正作業並身犯謂屏露二敎具若自敎身作業若敎
作業者時不自舉身正業不教人舉口正業皆同界犯皆非並身犯　其…
七戒口家正業並身犯謂覆藏麁罪見論身心犯見聞作犯此是通名身業
未即戒罪若發露无過由口正不發露故心起覆藏逕夜便犯是名假業
並身犯餘有六戒並有口業作法本自无過由口正故身作前事即得其…

并受施餘者亦當依口業作法本自无過由口凶故業作前事識得其
謂比請足之食。二入衆輒著不与欲，是等假口而業，并身犯。第三有卅戒口
作，并身犯於六位。四有十九戒自口作業，假他身是中。若論自作，唯身犯其罪。
教人邊說如教壞地，言雖了了，未即犯，提要假前人身業，地教者方犯，是名
自口作業假他身。餘皆類然，教人壞生種地，牽他出房，用蟲水，无事然火，藏他
衣盋，故藍生驅他衆出，餘蟲水，違律，持已衣与尼，從實高床下，次第十三戒
無等戒是。第二有四戒自身假他口，謂讚食、減年受戒、不攝耳聽、屏聽次第四戒是，如屏讚
食戒若尼不讚，但尔直食，本自无犯，假尼口讚食方成犯；減年受戒和上得
提，假羯磨竟。餘者可知。第三有五戒自身口假他身，如四期索美食者冒雨
戒自身口假他口，假語偽，總身口兩業，假僧作白又須嘿問，故假他口。不
受屏諫，兩作之事通於七衆，豈非身口要假他諫作方得犯故。第三自作教
他兩業者，勸足之一戒，唯教他業；足之食一戒，唯自作業；自他兩業六，爲戒有廿
一戒有教人同犯而不別立自他，已是既知斯義，位約爲四。一唯教人，謂勸足是
第二有十戒自他俱犯，謂掘地、壞生、牽出、蟲水、然火、藏衣、發盖
生、无根謗、從實於中、攝地、故餘物，境重故但使教人一切同犯。第二有 卅三天讃以卅
十戒教人同，謂与尼屏露二敷，持衣与尼，度高床下，七教人作与，於已有罰，是
以同犯。若直教人，於已无益，但得輕罪。第四餘有六十八中，六十七戒自業教
足之食一戒，但自作業。第三遮性分別者，卅是性，餘悉輕遮。其性者，謂妄語

乏食。下戒但自作業。第三遮性分別者，卌是性，餘悉遮。是其卌者，謂妄語
度畏八婬淫害用謗販諫恐教疑覆起殺道拒殺同欲悔聽打博謗等
性惡，餘並遮惡。第四持犯者，有十三戒持，謂五雙又三隻。如習學摩雙說
度教識居受功德衣。復有一雙不犯，謂別屬受。一入聚落作餘食良藥無
乏食勸乏，七日藥，不作口法受，不犯殘宿不受，淨施國王，无其擧罪，如度教擧僧事十三
欲此後三隻。今十三戒由聖開聽作其八口法，若順聖教作口法竟，作此十三而无
罪過，名爲作持。止不作法而身作事，有違名爲止犯，違作事邊復名作犯。此上
兩作二犯，業思體一，而名是別。若止法止事，名爲止持，作持止持名體各別
名可作法作事，望作法邊即是作持，以作法故，總作前事而无作犯，互起作
犯，豈非止持此名體一名異。餘七十七單持犯中不攝見一作持止犯，餘兩持作
犯，如釋持不攝耳。唯作持止犯十三，少分作持止犯。餘七十七及十三少分通論
八十九止持作犯，二持品別已如上弁。第五違制不同者，異語說欲及此二直違遠
僧制，餘違佛制。通而言之，並是佛制，但謗羯磨要須僧衆，若不作羯磨
法，作无可違，故言違僧制得罪。第十二部同異者，三種不同：一有三戒有无不同，
謂擧教日暮讚教戒師，大僧則有，尼无可知。二有十三戒輕重不同，謂食……
……二……有識……大僧更重……識至……乃……

BD00549 大般若波羅蜜多經卷三五六

（唐）玄奘 譯

114.5cm × 25.8cm

薩恒作是念我不應住苦聖諦亦不應住集
滅道聖諦何以故苦聖諦非能住非所住集
滅道聖諦亦非能住非所住故善現是菩薩
摩訶薩能與六種波羅蜜多常共相應不相
捨離善現若菩薩摩訶薩恒作是念我不應
住四靜慮亦不應住四无量四无色定何以
故四靜慮非能住非所住四无量四无色定
亦非能住非所住故善現是菩薩摩訶薩能
與六種波羅蜜多常共相應不相捨離善現
若菩薩摩訶薩恒作是念我不應住八解脫
亦不應住八勝處九次第定十遍處何以故
八解脫非能住非所住八勝處九次第定十
遍處亦非能住非所住故善現是菩薩摩訶
薩能與六種波羅蜜多常共相應不相捨離

善現若菩薩摩訶薩恒作是念我不應住四
念住亦不應住四正斷四神足五根五力七
等覺支八聖道支何以故四念住非能住非
所住四正斷乃至八聖道支亦非能住非所
住故善現是菩薩摩訶薩能與六種波羅蜜
多常共相應不相捨離善現若菩薩摩訶薩
恒作是念我不應住空解脫門亦不應住无相
无願解脫門何以故空解脫門非能住非
所住无相无願解脫門亦非能住非所住故
善現是菩薩摩訶薩能與六種波羅蜜多常
共相應不相捨離善現若菩薩摩訶薩恒作
是念我不應住五眼亦不應住六神通何以
故五眼非能住非所住六神通亦非能住非
所住故善現是菩薩摩訶薩能與六種波羅
[illegible]

BD00549　大般若波羅蜜多經卷三五六

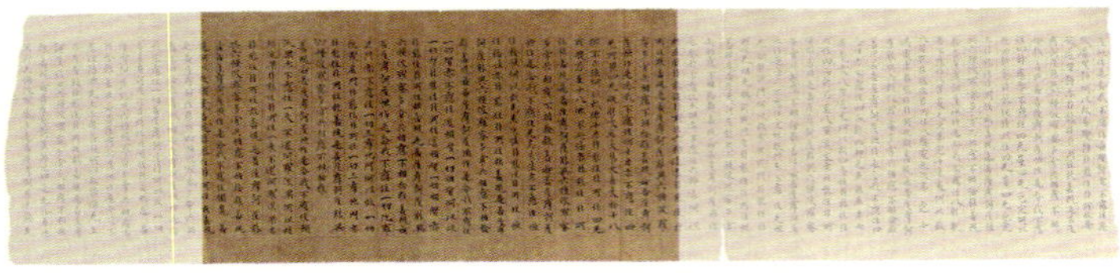

故五眼非能住非不住六神通亦非能住非
所住故善現是菩薩摩訶薩能與六種波羅
蜜多常共相應不相捨離善現若菩薩摩訶
薩恒作是念我不應住佛十力亦不應住四
无所畏四无礙解大慈大悲大喜大捨十八
佛不共法何以故佛十力非能住非所住四无
所畏乃至十八佛不共法亦非能住非所
住故善現是菩薩摩訶薩能與六種波羅蜜
多常共相應不相捨離善若菩薩摩訶薩
恒作是念我不應住无忘失法亦不應住恒
住捨性何以故无忘失法非能住非所住恒
住捨性亦非能住非所住故善現是菩薩摩
訶薩能與六種波羅蜜多常共相應不相捨
離善現若菩薩摩訶薩恒作是念我不應住
一切智亦不應住道相智一切相智何以故

一切智非能住非所住道相智一切相智亦
非能住非所住故善現是菩薩摩訶薩能與
六種波羅蜜多常共相應不相捨離善現若
菩薩摩訶薩恒作是念我不應住一切陁羅
尼門亦不應住一切三摩地門何以故一切
陁羅尼門非能住非所住一切三摩地門亦
非能住非所住故善現是菩薩摩訶薩能與
六種波羅蜜多常共相應不相捨離
善現若菩薩摩訶薩恒作是念我不應住預
流果亦不應住一來不還阿羅漢果何以故
預流果非能住非所住一來不還阿羅漢果亦
非能住非所住故善現是菩薩摩訶薩能
與六種波羅蜜多常共相應不相捨離善現
若菩薩摩訶薩恒作是念我不應住獨覺菩
提何以故獨覺菩提非能住非所住故善現

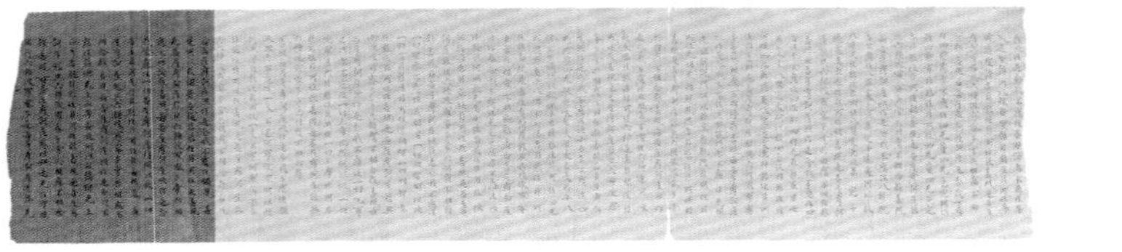

若菩薩摩訶薩恒作是念我不應住獨覺菩
提何以故獨覺菩提非能住非所住故善現
是菩薩摩訶薩能與六種波羅蜜多常共相
應不相捨離善現若菩薩摩訶薩恒作是念
我不應住一切菩薩摩訶薩行何以故一切
菩薩摩訶薩行非能住非所住故善現是菩
薩摩訶薩能與六種波羅蜜多常共相應不
相捨離善現若菩薩摩訶薩恒作是念我不
應住諸佛无上正等菩提何以故諸佛无上
正等菩提非能住非所住故善現是菩薩摩
訶薩能與六種波羅蜜多常共相應不相捨
離善現若菩薩摩訶薩以如是无住方便
脩行六種波羅蜜多是菩薩摩訶薩速證无

三

BD00550 維摩詰所說經卷上

（後秦）鳩摩羅什 譯

BD00550v 便粟歷（擬）

247cm × 24.5cm

普得受行獲其利　斯則神力不共

佛以一音演說法　或有恐畏或歡喜

或生猒離或斷疑　斯則神力不共法

稽首十力大精進　稽首已得无所畏

稽首住於不共法　稽首一切大導師

稽首能斷衆結縛　稽首已到於彼岸

稽首能度諸世間　稽首永離生死道

悉知衆生來去相　善於諸法得解脫

不著世間如蓮華　常善入於空寂行

達諸法相无罣閡　稽首如空无所依

尒時長者子寶積說此偈已白佛言世尊是

五百長者子皆已發阿耨多羅三藐三菩提

心願聞得佛國土清淨唯願世尊說諸菩薩

淨土之行佛言善哉寶積乃能為諸菩薩問

於如來淨土之行諦聽諦聽善思念之當爲
汝說於是寶積及五百長者子受教而聽佛
言寶積衆生之類是菩薩佛土所以者何菩
薩隨所化衆生而取佛土隨所調伏衆生而
取佛土隨諸衆生應以何國入佛智慧而取
佛土隨諸衆生應以何國起菩薩根而取佛
土所以者何菩薩取於淨國皆爲饒益諸衆
生故譬如有人欲於空地造立宮室隨意无
㝵若於虛空終不能成菩薩如是爲成就衆
生故願取佛國願取佛國者非於空也寶積
當知直心是菩薩淨土菩薩成佛時不諂衆
生來生其國深心是菩薩淨土菩薩成佛時
具足功德衆生來生其國大乘心是菩薩淨
土菩薩成佛時大乘衆生來生其國布施是
菩薩淨土菩薩成佛時一切能捨衆生來生

BD00550　維摩詰所説經卷上

土菩薩成佛時大乘衆生來生其國布施是
菩薩淨土菩薩成佛時一切能捨衆生來生
其國持戒是菩薩淨土菩薩成佛時行十善
道滿願衆生來生其國忍辱是菩薩淨土菩
薩成佛時三十二相莊嚴衆生來生其國精
進是菩薩淨土菩薩成佛時勤脩一切功德
衆生來生其國禪定是菩薩淨土菩薩成佛時
攝心不亂衆生來生其國智慧是菩薩淨土菩
薩成佛時正定衆生來生其國四无量心是
菩薩淨土菩薩成佛時成就慈悲喜捨衆
生來生其國四攝法是菩薩淨土菩薩成佛
時解脫所攝衆生來生其國方便是菩薩淨
土菩薩成佛時於一切法方便无㝵衆生來
生其國三十七道品是菩薩淨土菩薩成佛

時念處正勤神足根力覺道衆生來生其國
迴向心是菩薩淨土菩薩成佛時得一切具足
功德國土說除八難是菩薩淨土菩薩成佛
時國土无有三惡八難自守戒行不譏彼闕
是菩薩淨土菩薩成佛時國土无有犯禁之
名十善是菩薩淨土菩薩成佛時命不中夭
大富梵行所言誠諦常以軟語眷屬不離善
和諍訟言必饒益不嫉不恚正見衆生來生
其國如是寶積菩薩隨其直心則能發行隨
其發行則得深心隨其深心則意調伏隨意
調伏則如說行隨如說行則能迴向隨其迴
向則有方便隨其方便則成就衆生隨成就
衆生則佛土淨隨佛土淨則說法淨隨說法
淨則智慧淨隨智慧淨則其心淨隨其心淨

BD00550　維摩詰所説經卷上

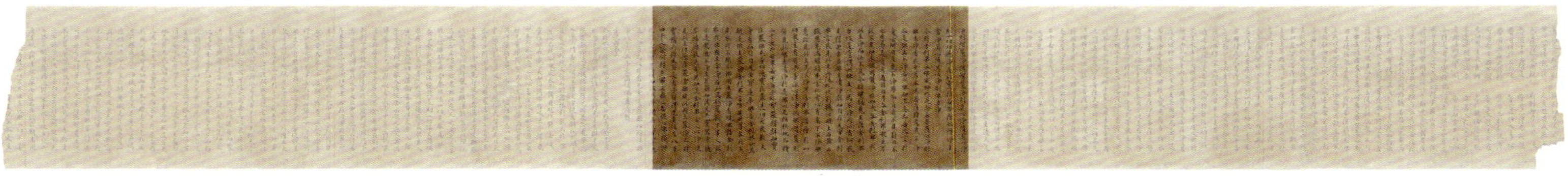

淨則智慧淨隨智慧淨則其心淨隨其心淨
則一切功德淨是故寶積若菩薩欲得淨土
當淨其心隨其心淨則佛土淨
尒時舍利弗承佛威神作是念若菩薩心淨則
佛土淨者我世尊本為菩薩時意豈不淨
而是佛土不淨若此佛知其念即告之言於
意云何日月豈不淨耶而盲者不見對曰不
也世尊是盲者過非日月咎舍利弗衆生罪
故不見如來佛國嚴淨非如來咎舍利弗我
此土淨而汝不見尒時螺髻梵王語舍利弗
勿作是意謂此佛土以為不淨所以者何我
見釋迦牟尼佛土清淨譬如自在天宮舍利
弗言我見此土丘陵坑坎荊棘沙礫土石諸山
穢惡充滿螺髻梵言仁者心有高下不依佛

慧故見此土為不淨耳舍利弗菩薩於一
切衆生悉皆平等深心清淨依佛智慧則
能見此佛土清淨於是佛以足指按地即時
三千大千世界若干百千珎寶嚴飾譬如寶
莊嚴佛无量功德寶莊嚴土一切大衆歎未
曾有而皆自見坐寶蓮華佛告舍利弗汝且
觀是佛土嚴淨舍利弗言唯然世尊本所不
見本所不聞今佛國土嚴淨悉現佛語舍利
弗我佛國土常淨若此為欲度斯下劣人故
示是衆惡不淨土耳譬如諸天共寶器食隨
其福德飯色有異如是舍利弗若人心淨便
見此土功德莊嚴當佛現此國土嚴淨之時
寶積所將五百長者子皆得无生法忍八万
四千人發阿耨多羅三藐三菩提心佛攝神

四千人發阿耨多羅三藐三菩提心佛攝神
足於是世界還復如故求聲聞乘三万二千天
及人知有為法皆悉无常遠塵離垢得法眼
淨八千比丘不受諸法漏盡意解

方便品第二

尒時毗耶離大城中有長者名維摩詰已曽
供養无量諸佛深殖善本得无生忍辯才无
閡遊戲神通逮諸揔持獲无所畏降魔勞怨
入深法門善於智度通達方便大願成就明了
衆生心之所趣又能分別諸根利鈍久於佛
道心已純淑決定大乘諸有所作能善思
量住佛威儀心大如海諸佛咨嗟弟子釋梵
世主所敬欲度人故以善方便居毗耶離資
財无量攝諸貧民奉戒清淨攝諸毀禁以忍

調行攝諸恚怒以大精進攝諸懈怠一心禪
寂攝諸亂意以決定慧攝諸无智雖爲白衣
奉持沙門清淨律行雖處居家不著三界
示有妻子常脩梵行現有眷屬常樂遠離雖
服寶飾而以相好嚴身雖復飲食而以禪悅
爲味若至博弈戲處輒以度人受諸異道不
毀正信雖明世典常樂佛法一切見敬爲供
養中最執持正法攝諸長幼一切治生諧偶
雖獲俗利不以喜悅遊諸四衢饒益衆生入
治政法救護一切入講論處導以大乘入諸
學堂誘開童蒙入諸婬舍示欲之過入諸酒
肆能立其志若在長者長者中尊爲說勝
法若在居士居士中尊斷其貪著若在刹利
刹利中尊教以忍辱若在婆羅門婆羅門中

剎利中尊教以忍辱若在婆羅門婆羅門中
尊除其我慢若在大臣大臣中尊教以正法若
在王子王子中尊示以忠孝若在内官内官中
尊化正宫女若在庶民庶民中尊令興福力
若在梵天梵天中尊誨以勝慧若在帝釋帝
釋中尊示現无常若在護世護世中尊護諸
衆生長者維摩詰以如是等无量方便饒益
衆生其以方便現身有疾以其疾故國王大
臣長者居士婆羅門等及諸王子并餘官
屬无數千人皆往問疾其往者維摩詰因以
身疾廣爲說法諸仁者是身无常无强无力
无堅速朽之法不可信也爲苦爲惱衆病所
集諸仁者如此身明智者所不怙是身如聚
沫不可撮摩是身如泡不得久立是身如炎

從渴愛生是身如芭蕉中无有堅是身如幻
從顛倒起是身如夢爲虛妄見是身如影從
業緣現是身如響屬諸因緣是身如浮雲
須臾變滅是身如電念念不住是身无主爲如
地是身无我爲如火是身无壽爲如風是身无
人爲如水是身不實四大爲家是身爲空離
我我所是身无知如草木瓦礫是身无作風
力所轉是身不淨穢惡充滿是身爲虛僞
雖假以澡浴衣食必歸磨滅是身爲災百一
病惱是身如丘井爲老所逼是身无定爲要當
死是身如毒虵如怨賊如空聚陰界諸入所
共合成諸仁者此可患厭當樂佛身所以者
何佛身者即法身也從无量功德智慧生從
戒定慧解脫解脫知見生從慈悲喜捨生

戒定慧解脫解脫知見生從慈悲喜捨生
從布施持戒忍辱柔和勤行精進禪定解脫
三昧多聞智慧諸波羅蜜生從方便生從六
通生從三明生從三十七道品生從止觀生從
所畏十八不共法生從斷一切不善
實生從不放逸生

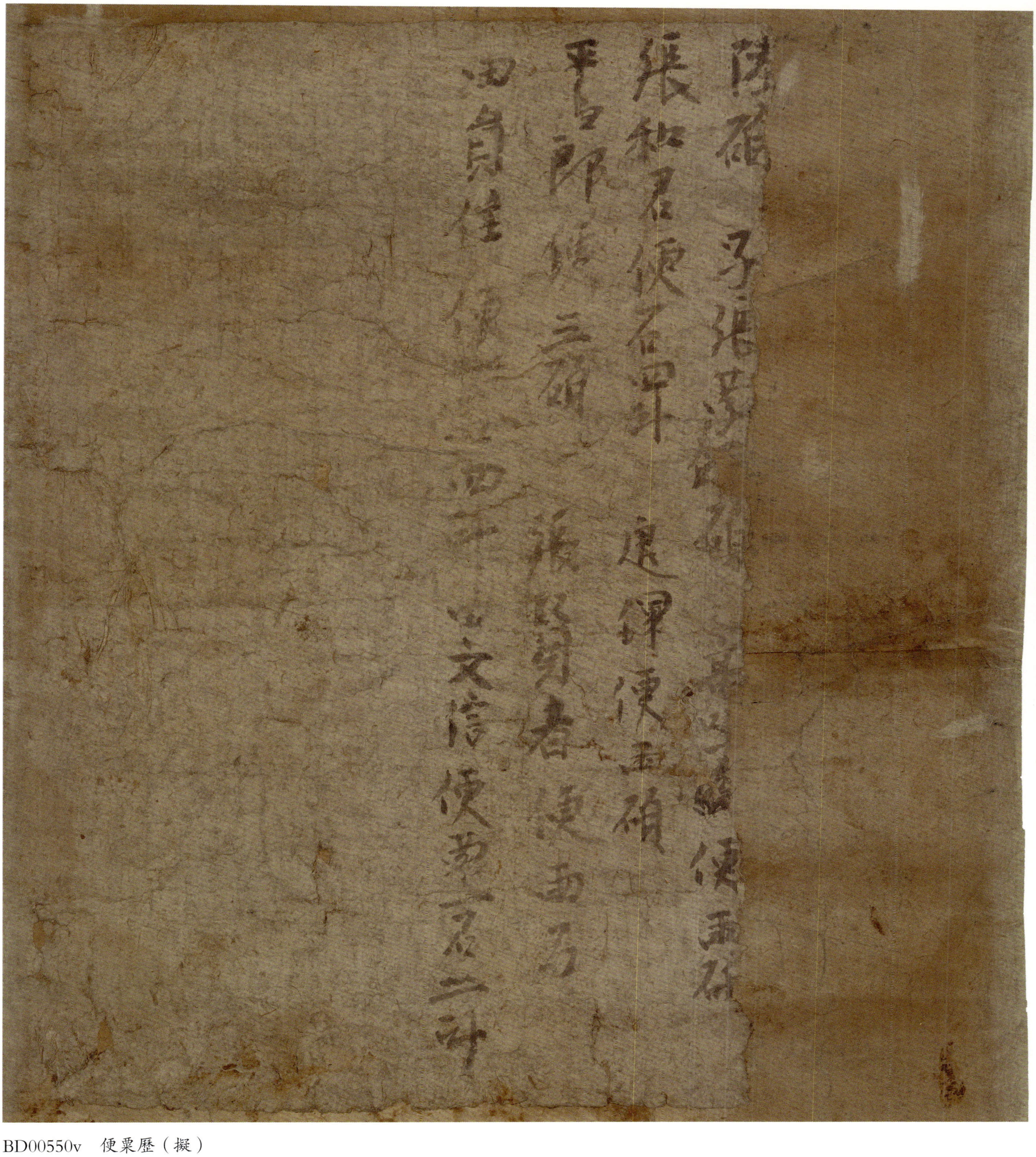

陰碩子張安[illegible]碩[illegible]便兩碩
張和君便石四斗　邊驛便兩碩
平白郎便三碩　張[illegible]者便兩石
田負佳便四斗　[illegible]文信便粟一石二斗

BD00550v　便粟歷（擬）

BD00551 大般若波羅蜜多經卷三六三

（唐）玄奘 譯

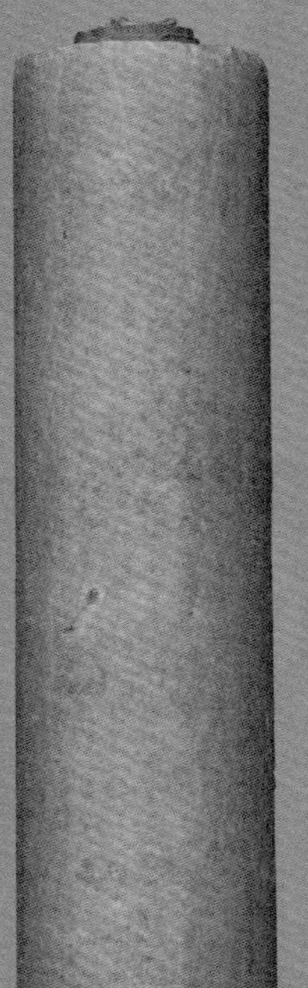

448.8cm×26.4cm

若一切相智如是三智……別
有有餘斷无餘斷不佛言善現非諸煩惱斷
有差別然諸如來應正等覺一切煩惱習氣
相續皆已永斷聲聞獨覺習氣相續猶未永
斷世尊諸煩惱斷得无為不如是善現世尊
聲聞獨覺不得无為煩惱斷不不也善現世
尊无為法中有差別不不也善現世尊若无
為法无差別者佛何故說一切如來應正等
覺習氣相續皆已永斷聲聞獨覺習氣相續
猶未永斷善現習氣相續實非煩惱然諸聲
聞及諸獨覺煩惱已斷猶有少分似貪瞋癡
身語意轉即說此為習氣相續此在愚夫異
生相續能引无義非在聲聞獨覺相續能引
无義如是一切習氣相續諸佛永无

尒時具壽善現白佛言世尊道與涅槃俱无
自性佛何故說此是預流此是一来此是不
還此是阿羅漢此是獨覺此是菩薩摩訶薩
此是如来應正等覺佛言善現若預流若一
来若不還若阿羅漢若獨覺若菩薩摩訶薩
若諸如来應正等覺如是一切无為所顯世
尊无為法中實有預流乃至如来應正等覺
差別義不不也善現世尊若尒何故佛說預
流乃至如来應正等覺一切皆是无為所顯
善現我依世俗言說顯示不依勝義非勝義
中可有顯示何以故善現非勝義中有語言
路或分別慧或復二種然彼彼邊斷立彼彼
後際具壽善現白佛言世尊說一切法自相
皆空前際尚无況有後際如何可立有後際
耶佛言善現如是如是如汝所說諸所有法

皆空前際尚无況有後際如何可立有後際
耶佛言善現如是如是如汝所說諸所有法
自相皆空前際尚无況有後際立後際有定
无是處然諸有情不能解了諸所有法自相
皆空為饒益彼方便為說此是前際此是後
際然一切法自相空中前際後際俱不可得如
是善現菩薩摩訶薩達一切法自相空已
應行般若波羅蜜多善現若菩薩摩訶薩達
一切法自相皆空脩行般若波羅蜜多於諸
法中无所執著謂不執著内法外法善法非
善法世間法出世間法有漏法无漏法有為
法无為法若聲聞法若獨覺法若菩薩法若
如來法如是一切皆不執着
具壽善現白佛言世尊如來常說般若波羅
蜜多般若波羅蜜多以何義故名為般若波

羅蜜多佛言善現如是般若波羅蜜多至一
切法究竟彼岸故名般若波羅蜜多復次善
現由此般若波羅蜜多一切聲聞獨覺菩薩
及諸如來應正等覺能到彼岸故名般若波
羅蜜多復次善現一切如來應正等覺及諸
菩薩摩訶薩衆用是般若波羅蜜多依勝義
理分析諸法如析諸色至極微量猶不見有
少實可得故名般若波羅蜜多復次善現於
此般若波羅蜜多包含真如真際法界故名
般若波羅蜜多復次善現非此般若波羅蜜
多有少分法若合若散若有色若无色若有
見若无見若有對若无對若有漏若无漏若
有為若无為所以者何善現如是般若波羅
蜜多无色无見无對一相所謂无相故名般

蜜多无色无見无對一相所謂无相故名般
若波羅蜜多復次善現如是般若波羅蜜多
能生一切殊勝善法能發一切智慧辯才能
引一切世出世樂故名般若波羅蜜多復次善
現如是般若波羅蜜多甚深堅實不可動
壞若菩薩摩訶薩行是般若波羅蜜多一切
惡魔及彼眷屬聲聞獨覺外道梵志惡友
離皆不能壞何以故善現由此般若波羅蜜
多辯一切法自相皆空諸惡魔等皆不可得
故名般若波羅蜜多善現諸菩薩摩訶薩應
如實行如是般若波羅蜜多甚深義趣
復次善現若菩薩摩訶薩欲行般若波羅蜜
多甚深義趣應行无常義苦義空義无我義
應行苦智義集智義滅智義道智義應

智義難智義世俗智義他心智義應行盡智
義無生智義如說智義善現諸菩薩摩訶薩
為行般若波羅蜜多甚深義趣應行般若波
羅蜜多具壽善現白佛言世尊此甚深般若
波羅蜜多中義與非義俱不可得云何菩薩
摩訶薩為行般若波羅蜜多甚深義趣應行
般若波羅蜜多佛言善現菩薩摩訶薩為
行般若波羅蜜多甚深義趣應作是念我不應
行貪欲義非義我不應行瞋恚義非義我不
應行愚癡義非義我不應行邪見義非義我
不應行邪定義非義我不應行諸惡見趣義
非義所以者何善現貪欲瞋恚愚癡邪見邪
定見趣真如實際不與諸法為義非義復次
善現菩薩摩訶薩為行般若波羅蜜多甚深
義趣應作是念我不應行色義非義我不應

善現菩薩摩訶薩為行般若波羅蜜多甚深
義趣應作是念我不應行色義非義我不應
行受想行識義非義我不應行眼處義非義
我不應行耳鼻舌身意處義非義我不應行
色處義非義我不應行聲香味觸法處義非
義我不應行眼界義非義我不應行耳鼻舌
身意界義非義我不應行色界義非義我不
應行聲香味觸法界義非義我不應行眼識
界義非義我不應行耳鼻舌身意識界義非
義我不應行眼觸義非義我不應行耳鼻舌
身意觸義非義我不應行眼觸為緣所生諸
受義非義我不應行耳鼻舌身意觸為緣所
生諸受義非義我不應行地界義非義我不
應行水火風空識界義非義我不應行无明

義非義我不應行行識名色六處觸受愛取
有生老死愁歎苦憂惱義非義我不應行布
施波羅蜜多義非義我不應行淨戒安忍精進
靜慮般若波羅蜜多義非義我不應行內空
義非義我不應行外空內外空空空大空勝
義空有為空无為空畢竟空无際空散空无
變異空本性空自相空共相空一切法空不可
得空无性空自性空无性自性空義非義我
不應行真如義非義我不應行法界法性不
虛妄性不變異性平等性離生性法定法住
實際虛空界不思議界義非義我不應行四
念住義非義我不應行四正斷四神足五根
五力七等覺支八聖道支義非義我不應行
苦聖諦義非義我不應行集滅道聖諦義非
義我不應行四靜慮義非義我不應行四无

苦聖諦義非義我不應行集滅道聖諦義非
義我不應行四靜慮義非義我不應行四无
量四无色定義非義我不應行八解脫義非
義我不應行八勝處九次第定十遍處義非
義我不應行一切三摩地門義非義我不應
行一切陁羅尼門義非義我不應行空解脫
門義非義我不應行无相无願解脫門義非
義我不應行五眼義非義我不應行六神通
義非義我不應行佛十力義非義我不應行
四无所畏四无礙解大慈大悲大喜大捨十八
佛不共法義非義我不應行无忘失法義
非義我不應行恒住捨性義非義我不應行
一切智義非義我不應行道相智一切相智
義非義我不應行預流果義非義我不應行

一來不還阿羅漢果義非義我不應行獨覺
菩提義非義我不應行一切菩薩摩訶薩行
義非義我不應行諸佛无上正等菩提義非
義所以者何善現如來得无上正等菩提時
不見有法能與少法為義非義善現如來出
世若不出世諸法法性法住法定法尒常住
无法於法為義非義如是善現菩薩摩訶薩
應離義非義常行般若波羅蜜多甚深義趣
具壽善現白佛言世尊何故般若波羅蜜多
不與諸法為義非義佛言善現甚深般若波
羅蜜多於有為法及无為法俱无所作非思
非怨无益无損是故般若波羅蜜多不與諸
法為義非義具壽善現復白佛言世尊豈不
諸佛及佛弟子一切賢聖皆以无為為第一
義佛言善現如是如是如汝所說佛及弟子

諸佛及佛弟子一切賢聖皆以无爲爲第一
義佛言善現如是如是如汝所說佛及弟子
一切賢聖皆以无爲爲第一義然无爲法不
與諸法爲益爲損善現譬如虛空眞如不與
諸法爲益爲損菩薩摩訶薩甚深般若波羅
蜜多亦復如是不與諸法爲益爲損是故般若
波羅蜜多不與諸法爲義非義具壽善現白
佛言世尊菩薩摩訶薩豈不要學甚深无
爲般若波羅蜜多及能證得一切智智佛言
善現如是如是如汝所說菩薩摩訶薩要學
甚深无爲般若波羅蜜多乃能證得一切智
智不以二法而爲方便世尊爲以不二法得
不二法耶不也善現世尊爲以二法得不二
法耶不也善現世尊若无二法不以二法不
二法得菩薩摩訶薩云何當得一切智智善

現二不二法但不可得是故所得一切智智
非有所得故得亦非无所得故得有所得法
无所得法不可得故若如是知乃能證得一
切智智

初分實說品第六十二

尒時具壽善現白佛言世尊如是般若波羅
蜜多極為甚深世尊諸菩薩摩訶薩不得
有情亦復不得有情施設而為有情求趣无上
正等菩提甚為難事世尊譬如有人欲於无
色无見无對无所依止空中種樹彼為難
諸菩薩摩訶薩亦復如是不得有情亦復不
得有情施設而為有情求趣无上正等菩提
甚為難事佛言善現如是如是如汝所說如
是般若波羅蜜多極為甚深諸菩薩摩訶薩
不得有情亦復不得有情施設而為有情求

BD00551　大般若波羅蜜多經卷三六三

是般若波羅蜜多極為甚深諸菩薩摩訶薩
不得有情亦復不得有情施設而為有情求
趣无上正等菩提甚為難事善現諸菩薩摩
訶薩雖不見有真實有情及彼施設而諸有
情愚癡顛倒執為實有輪迴生死受苦无窮
為度彼故求趣无上正等菩提得菩提已斷
彼我執及令解脫生死衆苦善現譬如有人
良田種樹是人雖復不見此樹根莖枝葉花
菓受者而種樹已隨時溉灌勤守護之此樹
後時漸得生長枝葉花菓皆悉茂盛衆生受
用愈疾獲安善現諸菩薩摩訶薩亦復如是
雖不見有有情佛果而為有情求趣无上正
等菩提漸次脩行布施淨戒安忍精進靜慮
般若波羅蜜多既圓滿已證得无上正等菩

捷令諸有情受用佛樹諸葉花菓各得饒益
善現當知葉饒益者謂諸有情因此佛樹脫
惡趣苦花饒益者謂諸有情因此佛樹或生
剎帝利大族或生婆羅門大族或生長者大
族或生居士大族或生四大王衆天或生三
十三天或生夜摩天或生覩史多天或生樂
變化天或生他化自在天或生梵衆天或生
梵輔天或生梵會天或生大梵天或生光天
或生少光天或生無量光天或生極光淨天
或生淨天或生少淨天或生無量淨天或生
遍淨天或生廣天或生少廣天或生無量廣
天或生廣果天或生無煩天或生無熱天或
生善現天或生善見天或生色究竟天或生
空無邊處天或生識無邊處天或生無所有
處天或生非想非非想處天菓饒益者謂諸

空无邊處天或生識无邊處天或生无所有
處天或生非想非非想處天菓饒益者謂諸
有情因此佛樹或住預流果或住一來果或
住不還果或住阿羅漢果或住獨覺菩提或
住无上正等菩提是諸有情得成佛已復用
佛樹諸葉花菓饒益有情令諸有情脫惡趣
苦得人天樂漸次安立令入三乘般涅槃界
謂聲聞乘般涅槃界或獨覺乘般涅槃界或
无上乘般涅槃界善現是菩薩摩訶薩雖作
如是大饒益事而都不見真實有情得涅槃
者唯見妄想衆苦寂滅如是善現諸菩薩摩
訶薩脩行般若波羅蜜多不得有情及彼施
設然為除彼我執顛倒求趣无上正等菩提
由此因緣甚為難事

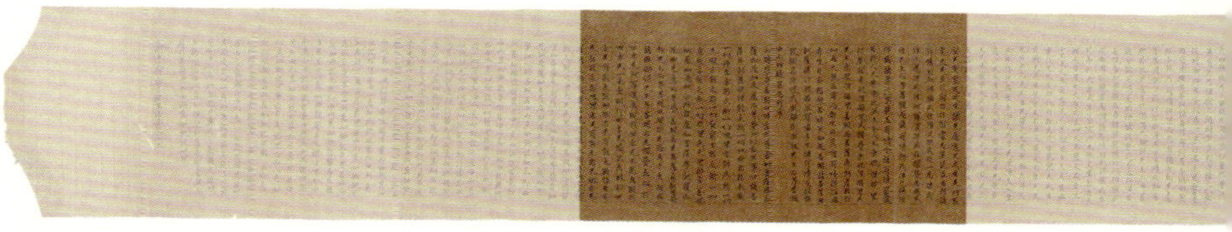

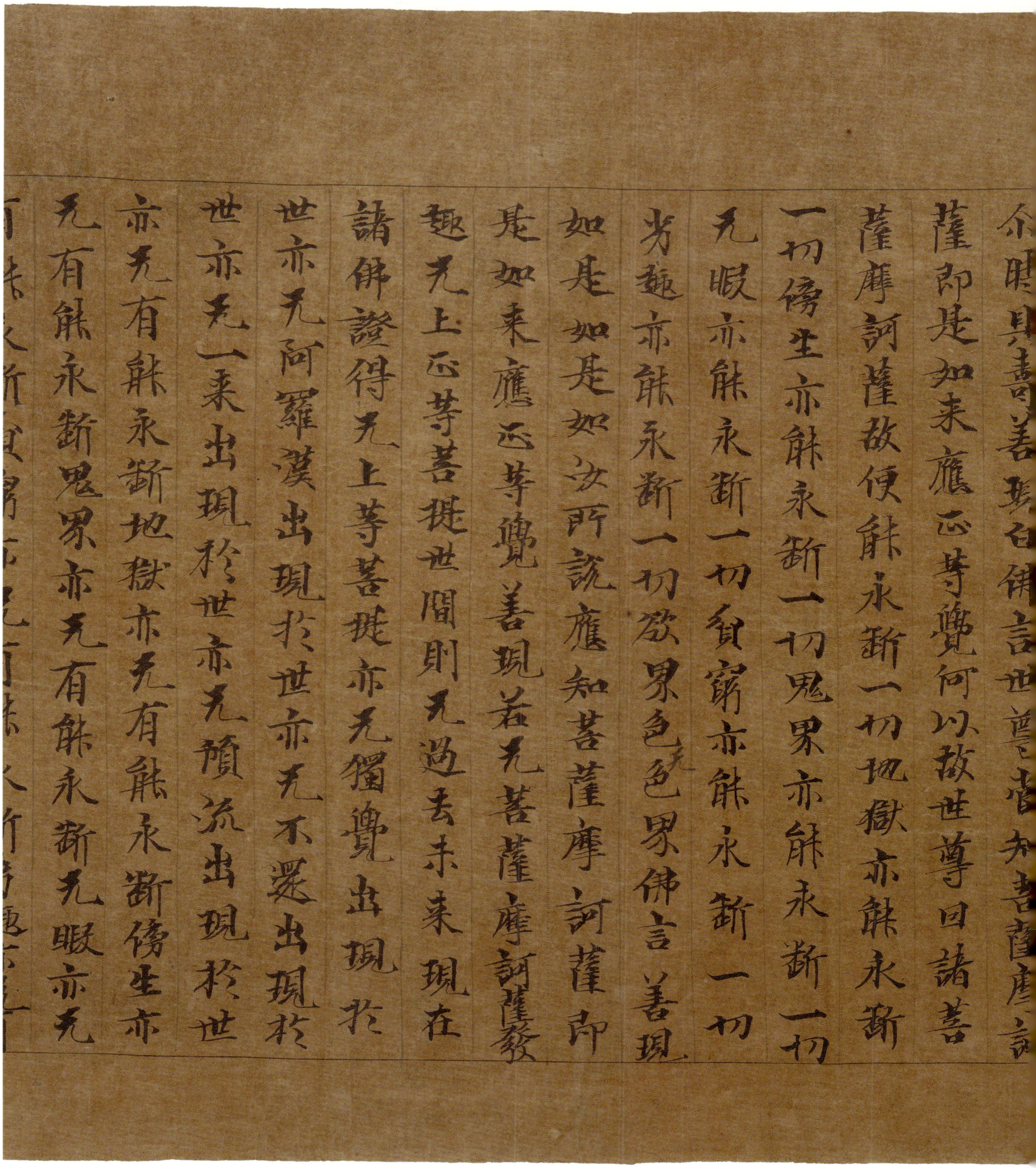

尒時具壽善現白佛言世尊若知菩薩摩訶
薩即是如來應正等覺何以故世尊曰諸善
薩摩訶薩故便能永斷一切地獄亦能永斷
一切傍生亦能永斷一切鬼界亦能永斷一切
无暇亦能永斷一切貧窮亦能永斷一切
劣趣亦能永斷一切欲界色无色界佛言善現
如是如是如汝所說應知菩薩摩訶薩即
是如來應正等覺善現若无菩薩摩訶薩發
趣无上正等菩提世間則无過去未來現在
諸佛證得无上等菩提亦无獨覺出現於
世亦无阿羅漢出現於世亦无不還出現於
世亦无一來出現於世亦无預流出現於世
亦无有能永斷地獄亦无有能永斷傍生亦
无有能永斷鬼界亦无有能永斷无暇亦无
有能永斷貧窮亦无有能永斷劣趣亦无有

BD00551　大般若波羅蜜多經卷三六三

亦无有能永斷地獄亦无有能永斷傍生亦
无有能永斷鬼界亦无有能永斷无暇亦无
有能永斷貧窮亦无有能永斷劣趣亦无有
能永斷欲界色无色界是故善現如汝所說
當知菩薩摩訶薩即是如來應正等覺者如
是如是應如菩薩摩訶薩即是如來應正等
覺何以故善現若由此真如施設如來即由
此真如施設獨覺若由此真如施設獨覺即
由此真如施設聲聞若由此真如如施設聲聞
即由此真如施設一切賢聖若由此真如施
設一切賢聖即由此真如施設色若由此真
如施設色即由此真如施設受想行識若由
此真如施設受想行識即由此真如施設眼
處若由此真如施設眼處即由此真如施設
耳鼻舌身意處若由此真如施設耳鼻舌身

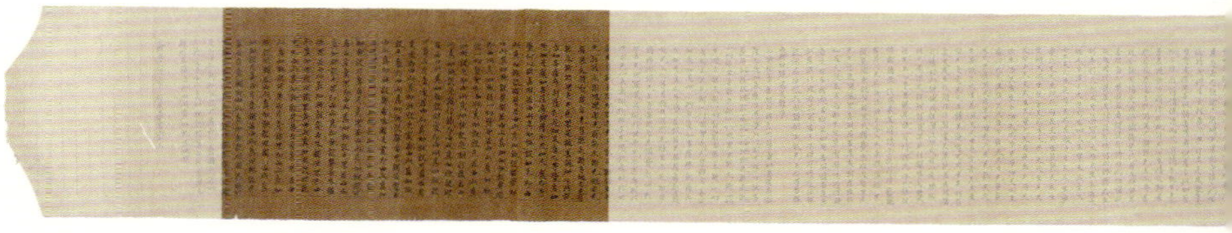

意處即由此真如施設色處若由此真如施
設色處即由此真如施設聲香味觸法處若
由此真如施設聲香味觸法處即由此真如
施設眼界若由此真如施設眼界即由此真
如施設耳鼻舌身意界若由此真如施設耳
鼻舌身意界即由此真如施設色界若由此
真如施設色界即由此真如施設聲香味觸
法界若由此真如施設聲香味觸法界即由
此真如施設眼識界若由此真如施設眼識
界即由此真如施設耳鼻舌身意界若由
此真如施設耳鼻舌身意識界即由此真如
施設眼觸若由此真如施設眼觸即由此真
如施設耳鼻舌身意觸若由此真如施設耳
鼻舌身意觸即由此真如施設眼觸為緣所
生諸受若由此真如施設眼觸為緣所生諸

BD00551　大般若波羅蜜多經卷三六三

生諸受若由此真如施設眼觸為緣所生諸
受即由此真如施設耳鼻舌身意觸為緣所
生諸受若由此真如施設耳鼻舌身意觸為
緣所生諸受即由此真如施設地界

大般若波羅蜜多經卷第三百六十三

BD00551　大般若波羅蜜多經卷三六三

BD00552 維摩詰所說經卷中

（後秦）鳩摩羅什 譯

128cm × 26cm

羅塞不退轉法是為四未曾有難得之法此室
常作天人第一之樂絃出无量法化之聲是
為五未曾有難得之法此室常有四大藏衆寶
積滿周窮濟乏求得无盡是為六未曾有難
得之法此室釋迦牟尼佛阿弥陁佛阿閦佛
寶德寶焰寶月寶嚴難勝師子響一切利
成如是等十方无量諸佛是上人念時即皆為
来廣說諸佛秘要法藏說已還去是為七未
曾有難得之法此室一切諸天嚴飾宮殿諸
佛淨土皆於中現是為八未曾有難得之法
舍利弗此室常現八未曾有難得之法誰有
見斯不可思議事而復樂於聲聞法乎
舍利弗言汝何以不轉女身天曰我從十二

年來求女人相了不可得當何所轉譬如幻
師化作幻女若有人問何以不轉女身是人
為正問不舍利弗言不也幻无定相當何所
轉天曰一切諸法亦復如是无有定相云何
乃問不轉女身即時天女以神通力變舍
利弗令如天女天自化身如舍利弗而問言何
以不轉女身舍利弗以天女像而荅曰我今
不知何轉而變為女身天曰舍利弗若能轉
此女身則一切女人亦當能轉如舍利弗非
女而現女身一切女人亦復如是雖現女身
而非女也是故佛說一切諸法非男非女即
時天女還攝神力舍利弗身還復如故天問
舍利弗女身色相今何所在舍利弗言女身
色相无在无不在天曰一切諸法亦復如是

色相无在无不在天曰一切諸法亦復如是
无在无不在夫无在无不在者佛所説也
舍利弗問天汝於此没當生何所天曰佛化
所生吾如彼生曰佛化所生非没生也天曰
衆生猶然無没生也舍利弗問天汝久如當
得阿耨多羅三藐三菩提天曰如舍利弗還
爲凡夫我乃當成阿耨多羅三藐三菩提舍
利弗言我作凡夫无有是處天曰我得阿耨
多羅三藐三菩提亦无是處所以者何菩提
无住處是故无有得者舍利弗言今諸佛得
阿耨多羅三藐三菩提已得當得如恒
河沙皆謂何乎天曰皆以世俗文字數故説
有三世非謂菩提有去來今天曰舍利弗汝
得阿羅漢道耶曰无所得故而得天曰諸佛

菩薩亦復如是无所得故而得尒時維摩詰
語舍利弗是天女曾已供養九十二億佛已
能遊戲菩薩神通所願具足得无生忍住不
退轉以本願故隨意能現教化衆生

佛道品第八

尒時文殊師利問維摩詰言菩薩云何通達
佛道維摩詰言菩薩行於非道是為通達
佛道又問云何菩薩行於非道荅曰若菩薩
行五无間而无惱恚至于地獄无諸罪垢至
于畜生无有无明憍慢等過至于餓鬼而具
足功德行色无色界道不以為勝亦行貪欲
離諸染著亦行瞋恚於諸衆生无有恚閡亦
行愚癡而以智慧調伏其心亦行慳貪而捨
內外所有不惜身命亦行毀禁而安住淨戒

内外所有不惜身命亦行毁禁而安住淨戒
乃至小罪猶懷大懼亦行瞋恚而常慈忍亦
行懈怠而勤脩功德亦行乱意而常念定亦
行愚癡而通達世間出世間慧亦行諂偽而
善方便隨諸經義亦行憍慢而於衆生猶如
橋梁亦行諸煩惱而心常清淨亦入於魔而
順佛智慧不隨他教亦入聲聞而爲衆生説
未聞法亦入辟支佛而成就大悲教化衆生
亦入貧窮而有寶手功德无盡亦入刑殘而
具諸相好以自莊嚴亦入下賤而生佛種姓
中具諸功德亦入羸劣醜陋而得那羅延身
一切衆生之所樂見亦入老病而永斷病
根超越死畏亦有資生而恒觀无常實无
所貪亦有妻妾婇女而常遠離五欲淤泥現於

訥鈍而成就辯才摠持无失示入邪濟而以正
濟度諸衆生現遍入諸道而斷其因緣現於
涅槃而不斷生死文殊師利菩薩能如是行
於非道是為通達佛道
於是維摩詰問文殊師利何等為如來種文殊
師利言有身為種无明有愛為種貪恚癡
為種四顛倒為種五蓋為種六入為種七識處

BD00553 大般若波羅蜜多經卷三五六

（唐）玄奘 譯

103.4cm × 25.8cm

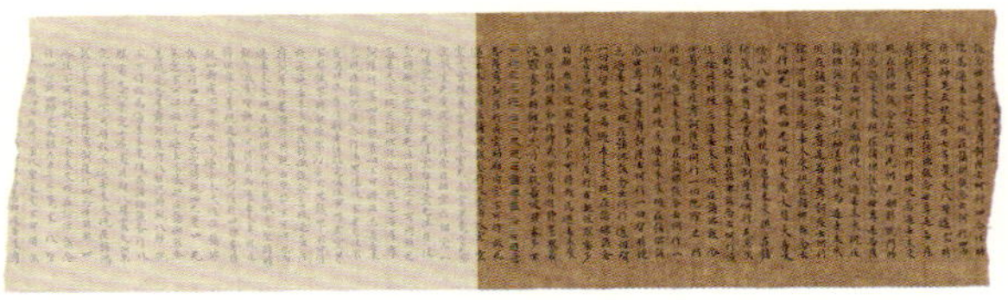

……過處時便爲過……
護念世尊是菩薩摩訶薩云何行四念住時
便爲過去未來現在諸佛護念云何行四正
斷四神足五根五力七等覺支八聖道支時
便爲過去未來現在諸佛護念世尊是菩薩
摩訶薩云何行空解脫門時便爲過去未來
現在諸佛護念云何行无相无願解脫門時
便爲過去未來現在諸佛護念世尊是菩薩
摩訶薩云何行五眼時便爲過去未來現在
諸佛護念云何行六神通時便爲過去未來
現在諸佛護念世尊是菩薩摩訶薩云何行
佛十力時便爲過去未來現在諸佛護念云
何行四无所畏四无礙解大慈大悲大喜大
捨十八佛不共法時便爲過去未來現在諸
佛護念世尊是菩薩摩訶薩云何行无忘失

法時何為過去未來現在諸佛護念云何行
住捨性時便為過去未來現在諸佛護念
世尊是菩薩摩訶薩云何行一切陁羅尼門
時便為過去未來現在諸佛護念云何行一
切三摩地門時便為過去未來現在諸佛護
念世尊是菩薩摩訶薩云何行一切智時便
為過去未來現在諸佛護念云何行道相智
一切相智時便為過去未來現在諸佛護念
佛言善現是菩薩摩訶薩行布施波羅蜜多
時觀布施波羅蜜多不可得故為過去未來
現在諸佛護念行淨戒安忍精進靜慮般若
波羅蜜多時觀淨戒乃至般若波羅蜜多不
可得故為過去未來現在諸佛護念善現是
菩薩摩訶薩行內空時觀內空不可得故為
過去未來現在諸佛護念行外空內外空空

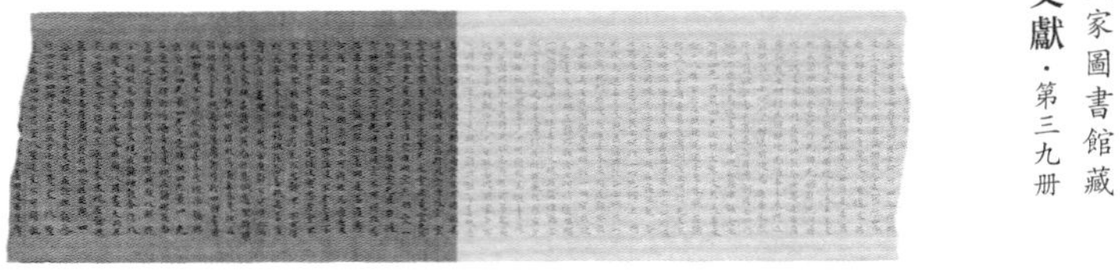

菩薩摩訶薩行内空時觀内空不可得故爲
過去未來現在諸佛護念行外空内外空空
空大空勝義空有爲空无爲空畢竟空无際
空散空无變異空本性空自相空共相空一
切法空不可得空无性空自性空无性自性
空時觀外空乃至无性自性空不可得故爲
過去未來現在諸佛護念善現是菩薩摩
訶薩行真如時觀真如不可得故爲過去未
來現在諸佛護念行法界法性不虚妄性不
變異性平等性離生性法定法住實際虚空界
不思議界時觀法界乃至不思議界不可得
故爲過去未來現在諸佛護念善現是菩薩
摩訶薩行苦聖諦時觀苦聖諦不可得故爲
過去未來現在諸佛護念行集滅道聖諦時
觀集滅道聖諦不可得故爲過去未來現在

諸佛護念善現是菩薩摩訶薩行四靜慮時
觀四靜慮不可得故為過去未來現在諸佛
護念行四无量四无色定時觀四无量四无
色定不可得故為過去未來現在諸佛護念
善現是菩薩摩訶薩行八解脱時觀八解脱
不可得故為過去未來現在諸佛護念行八
勝處九次第定十遍處時觀八勝處九次第
定十遍處不可得故為過去未來現在諸佛
護念善現是菩薩摩訶薩行四念住時觀四
念住不可得故為過去未來現在諸佛護念
行四正斷四神足五根五力七等覺支八聖
道支時觀四正斷乃至八聖道支不可得故
……佛護念善現是菩薩摩

BD00554A 大般若波羅蜜多經卷一八八

（唐）玄奘 譯

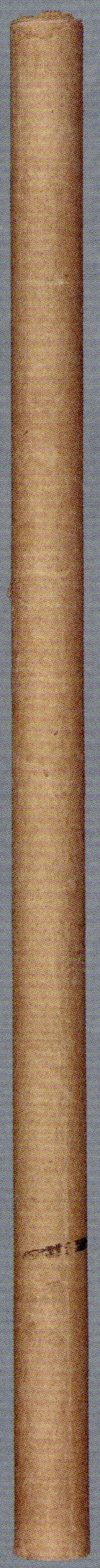

46.7cm × 26.3cm

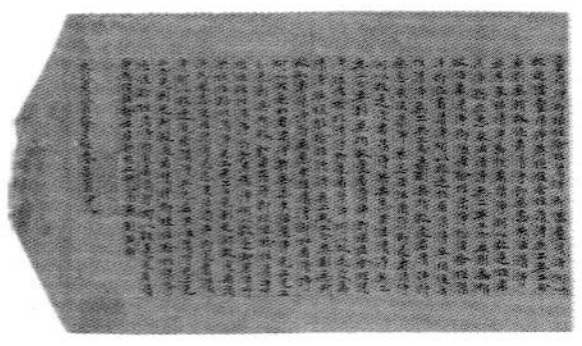

童清淨即恒住捨性清淨即儒童清淨何以
故是儒童清淨與恒住舍性清淨無二無二分
無別無斷故作者清淨即無忘失法清淨
無忘失法清淨即作者清淨何以故是作者
清淨與無忘失法清淨無二無二分無別無斷
故作者清淨即恒住捨性清淨恒住捨性清
淨即作者清淨何以故是作者清淨與恒住舍
性清淨無二無二分無別無斷故受者清淨即
無忘失法清淨無忘失法清淨即受者清淨
何以故是受者清淨與無忘失法清淨無二
無二分無別無斷故受者清淨即恒住舍性清
淨恒住捨性清淨即受者清淨何以故是受者
清淨與恒住捨性清淨無二無二分無別無斷
故知者清淨即無忘失法清淨即知者清淨

離天子當知无忘失法離故六波羅蜜多亦
離恒住捨性離故六波羅蜜多亦離廣說乃
至无忘失法離故一切智智亦離恒住捨性
離故一切智智亦離天子當知一切智離故
六波羅蜜多亦離道相智一切相智離故六
波羅蜜多亦離廣說乃至一切智離故一切
智智亦離道相智一切相智離故一切智智
亦離天子當知預流果離故六波羅蜜多亦
離乃至獨覺菩提離故六波羅蜜多亦離廣
說乃至預流果離故一切智智亦離乃至獨
覺菩提離故一切智智亦離天子當知一切
菩薩摩訶薩行離故六波羅蜜多亦離諸佛
无上正等菩提離故六波羅蜜多亦離廣說
乃至一切菩薩摩訶薩行離故一切智 智亦

BD00554C 大般若波羅蜜多經卷五八三

（唐）玄奘 譯

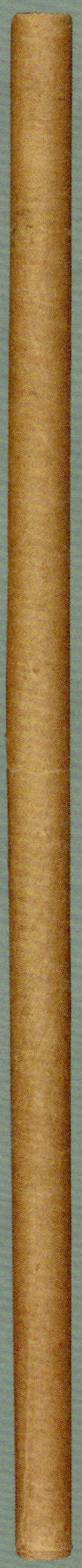

44.3cm × 26.5cm

九

菩薩摩訶薩心亦復如是普能暎奪一切獨覺
聲聞之心如吠瑠璃暎迦遮聚我觀此義作
如是說不退菩薩摩訶薩心於諸聲聞及諸
獨覺乘離煩惱无漏之心爲最爲勝爲尊爲
高爲妙爲微妙爲上爲上无不退菩薩慈
悲俱心能使有情得樂離苦聲聞獨覺慈悲
俱心但有假相尚无實用
又舍利子有阿羅漢永盡諸漏具六神通八
解脫等種種功德能以神通擲此世界置於
餘方而不能令不退菩薩心有轉變又舍利
子有阿羅漢永盡諸漏具六神通八解脫等
種種功德能以神力涸大海水而不能令不
退菩薩心有轉變又舍利子有阿羅漢永盡
諸漏具六神通八解脫等種種功德能以神

大吹碎殑伽沙數世界其中一切妙高山王皆如灰粉而不能令不退菩薩心有轉變又
舍利子有阿羅漢永盡諸漏具六神通八解
脫等種種功德以神通力能吹殑伽沙數世
界大劫火聚猛焰熾然皆令頓滅而不能
令不退菩薩心有轉變由此緣故我作是說
不退菩薩摩訶薩心於諸聲聞及諸獨覺永
離煩惱无漏之心為最為勝為尊為高為妙為
微妙為上為无上時舍利子便白佛言甚奇世
尊希有善逝不退菩薩摩訶薩心具足如是
大威神力聲聞獨覺不能轉變尒時佛告舍
利子言如是如是如汝所說何以故舍利子諸
佛世尊其言无二佛所說義皆實不虛汝
應受持廣為他說

BD00555

妙法蓮華經卷四

（後秦）鳩摩羅什 譯

1241.2cm×26.5cm

富樓那…
不…人中最爲第
其種種功德精勤護持助宣我
示教利喜□解釋佛之正法
梵行者自捨如來无能盡其言
勿謂富樓那但能護持助宣我法亦於過去
九十億諸佛所護持助宣佛之正法於彼說
法人中亦最第一又於諸佛所說空法明了
通達得四无㝵智常能審諦清淨說法无
有疑惑具足菩薩神通之力隨其壽命常
脩梵行彼佛世人咸皆謂之實是聲聞而富樓那
以斯方便饒益无量百千衆生又化无量阿僧
祇人令立阿耨多羅三藐三菩提爲淨佛土

故常作佛事教化衆生諸比丘富樓那亦於
七佛說法人中而得第一今於我所說法人
中亦為第一於賢劫中當來諸佛說法人中
亦復第一而皆護持助宣佛法亦於未來護
持助宣无量无邊諸佛之法教化饒益无
量衆生令立阿耨多羅三藐三菩提為淨佛土
故常勤精進教化衆生漸漸具足菩薩之道
過无量阿僧祇劫當於此土得阿耨多羅
三藐三菩提号曰法明如來應供正遍知明行
足善逝世間解无上士調御丈夫天人師佛
世尊其佛以恒河沙等三千大千世界為一
佛土七寶為地地平如掌无有山陵谿澗溝
壑七寶臺觀充滿其中諸天宮殿近處虛

佛土七寶爲地地平如掌无有山陵谿澗
谿七寶臺觀充滿其中諸天宮殿近處虛
空人天交接兩得相見无諸惡道亦无女人一
切衆生皆以化生无有婬欲得大神通身出
光明飛行自在志念堅精進智慧普皆
金色三十二相而自莊嚴其國衆生常以
二食一者法喜食二者禪悅食有无量阿僧祇
千萬億那由他諸菩薩衆得大神通四无㝵
智善能教化衆生之類其聲聞衆筭數校
計所不能知皆得具足六通三明及八解脫
其佛國土有如是等无量功德莊嚴成就劫
名寶明國名善淨其佛壽命无量阿僧祇劫
法住甚久佛滅度後起七寶塔遍滿其國介

時世尊欲重宣此義而說偈言

諸比丘諦聽　佛子所行道　善學方便故　不可得思議
知衆樂小法　而畏於大智　是故諸菩薩　作聲聞緣覺
以无數方便　化諸衆生類　自說是聲聞　去佛道甚遠
度脫无量衆　皆悉得成就　雖小欲懈怠　漸當令作佛
內秘菩薩行　外現是聲聞　少欲猒生死　實自淨佛土
示衆有三毒　又現邪見相　我弟子如是　方便度衆生
若我具足說　種種現化事　衆生聞是者　心則懷疑惑
今此富樓那　於昔千億佛　勤修所行道　宣護諸佛法
為求无上慧　而於諸佛所　現居弟子上　多聞有智慧
所說无所畏　能令衆歡喜　未曾有疲倦　而以助佛事
已度大神通　具四无㝵智　知諸根利鈍　常說清淨法

已度大神通　具四无㝵智　知諸根利鈍　常說清淨法
演暢如是義　教諸千億衆　令住大乘法　而自淨佛土
未來亦供養　无量无數佛　護助宣正法　亦自淨佛土
常以諸方便　說法无所畏　度不可計衆　成就一切智
供養諸如來　護持法寶藏　其後得成佛　号名曰法明
其國名善淨　七寶所合成　劫名為寶明　菩薩衆甚多
其數无量億　皆度大神通　威德力具足　充滿其國土
聲聞亦无數　三明八解脫　得四无㝵智　以是等為僧
其國諸衆生　婬欲皆已斷　純一變化生　具相莊嚴身
法喜禪悅食　更无餘食想　无有諸女人　亦无諸惡道
富樓那比丘　功德悉成滿　當得斯淨土　賢聖衆甚多
如是无量事　我今但略說
尒時千二百阿羅漢心自在者作是念　我等

歡喜得未曾有若世尊各見授記如餘大弟
子者不亦快乎佛知此等心之所念告摩訶
迦葉是千二百阿羅漢我今當現前次苐与
授阿耨多羅三藐三菩提記於此衆中我
大弟子憍陳如比丘當供養六万二千億佛
然後得成爲佛号曰普明如來應供正遍知
明行足善逝世間解上士調御丈夫天人師
佛世尊其五百阿羅漢優樓頻螺迦葉伽耶
迦葉那提迦葉迦留陀夷優陀夷阿㝹樓駄
離波多劫賓那薄拘羅周陀莎伽陀等皆
當得阿耨多羅三藐三菩提盡同一号名曰

當得阿耨多羅三藐三菩提盡同一号名曰
普明尒時世尊欲重宣此義而說偈言
憍陳如比丘　當見无量佛　過阿僧祇劫　乃成等正覺
常放大光明　具足諸神通　名聞遍十方　一切之所敬
常說无上道　故号為普明　其國土清淨　菩薩皆勇猛
咸昇妙樓閣　遊諸十方国　以无上供具　奉獻於諸佛
作是供養已　心懷大歡喜　須臾還本国　有如是神力
佛壽六万劫　正法住倍壽　像法復倍是　法滅天人憂
其五百比丘　次第當作佛　同号曰普明　轉次而授記
我滅度之後　某甲當作佛　其所化世間　亦如我今日
國土之嚴淨　及諸神通力　菩薩聲聞衆　正法及像法
壽命劫多少　皆如上所說　迦葉汝已知　五百自在者
餘諸聲聞衆　亦當復如是　其不在此會　汝當為宣說

尒時五百阿羅漢於佛前得授記已歡喜踊
躍即從座起到於佛前頭面礼足悔過自責
世尊我等常作是念自謂已得究竟滅度今
乃知之如无智者所以者何我等應得如來
智慧而自以小智為足世尊辟有人至親
友家醉酒而卧是時親友官事當行以
无價寶珠繫其衣裏与之而去其人醉卧覩
不覺知起已遊行到於他國為衣食故勤力
求索甚大艱難若少有所得便以為足於後
親友會遇見之而作是言咄哉丈夫何為衣食
乃至如是我昔欲令汝得樂安五欲自恣於
某年月日以无價寶珠繫汝衣裏今故現在

某年月日以无價寶珠繫汝衣裏今故現在
而汝不知勤苦憂惱以求自活甚爲癡也汝
今可以此寶貿易所須常可如意无所乏
短佛亦如是爲菩薩時教化我等令發
一切智心而尋廢忘不知不覺既得阿羅漢道
自謂滅度資生艱難得少爲足一切智願猶
在不失今者世尊覺悟我等作如是言諸比丘汝
等所得非究竟滅我久令汝等種佛善根以
方便故示涅槃相而汝謂爲實得滅度世
尊我今乃知實是菩薩得受阿耨多羅三藐
三菩提記以是因緣甚大歡喜得未曾有尒
時阿若憍陳如等欲重宣此義而說偈言
我等聞无上　安隱受記聲　歡喜未曾有　禮无量智佛

今於世尊前　自悔諸過咎　於元量佛寶　得少涅槃分
如元智愚人　便自以為足　譬如貧窮人　往至親友家
其家大甚富　具設諸餚饍　以元價寶珠　繫著內衣裏
默与而捨去　時臥不覺知　是人既已起　遊行詣他國
求衣食自濟　資生甚艱難　得少便為足　更不願好者
不覺內衣裏　有元價寶珠　与珠諸親友　後見此貧人
若切責知既　示以所繫珠　貧人見此珠　其心大歡喜
富有諸財物　五欲而自恣　我等亦如是　世尊於長夜
常愍見教化　令種元上願　我等元智故　不覺亦不知
得少涅槃分　自足不求餘　今佛覺悟我　言非實滅度
得佛元上慧　尒乃為真滅　我今從佛聞　授記莊嚴事
轉次受決　身心遍歡喜

得少涅槃分　自足不求餘　今佛覺悟我　言非實滅度
得佛无上慧　尒乃爲真滅　我今從佛聞　授記莊嚴事
及轉次受決　身心遍歡喜
妙法蓮華経授學无學人記品第九
尒時阿難羅睺羅而作是念我等每自思惟
設得授記不亦快乎即從座起到於佛前頭
面礼足俱白佛言世尊我等於此亦應有分
唯有如來我等所歸又我等爲一切世間天人
阿脩羅所見知識阿難常爲侍者護持法藏
羅睺羅是佛之子若佛見授阿耨多羅三
藐三菩提記者我願既滿衆望亦足尒時
學无學聲聞弟子二千人皆從座起偏袒右
肩到於佛前一心合掌瞻仰世尊如阿

難羅睺羅所願住立一面尒時佛告阿難
於来世當得作佛号山海慧自在通王如来應供
遍知明行足善逝世間解无上士調御丈夫天
人師佛世尊當供養六十二億諸佛護持
法藏然後得阿耨多羅三藐三菩提教
化二十千万億恒河沙諸菩薩等令成阿耨多
羅三藐三菩提國名常立勝幡其土清淨瑠璃
為地劫名妙音遍滿其佛壽命无量千万億
阿僧祇劫若人於千万億无量阿僧祇劫中
筭數挍計不能得知正法住世倍於壽命像
法住世復倍正法阿難是山海慧自在通王
佛為十方无量千万億恒河沙等諸佛如来

BD00555　妙法蓮華經卷四

佛爲十方无量千万億恒河沙等諸佛如來
所共讃歎稱其功德尒時世尊欲重宣
此義而說偈言
我今僧中說　阿難持法者　當供養諸佛　然後成正覺
号曰山海慧　自在通王佛　其國土清淨　名常立勝幡
教化諸菩薩　其數如恒沙　佛有大威德　名聞滿十方
壽命无有量　以愍衆生故　正法倍壽命　像法復倍是
如恒河沙等　无數諸衆生　於此佛法中　種佛道因緣
尒時會中新發意菩薩八千人咸作是念我
等尚不聞諸大菩薩得如是記有何因緣而
諸聲聞得如是決尒時世尊知諸菩薩心之
所念而告之曰諸善男子我與阿難等於空
王佛所同時發阿耨多羅三藐三菩提心阿

難常樂多聞我勤精進是故我已得成
阿耨多羅三藐三菩提而難護持我法亦護
将来諸佛法藏教化成就諸菩薩衆其本
願如是故獲斯記阿難於佛前自聞受記
及國土莊嚴所願具足心大歡喜得未曾有即
時憶念過去无量千万億諸佛法藏通達无
㝵如今所聞亦識本願尒時阿難而說偈言
世尊甚希有　令我念過去　无量諸佛法　如今日所聞
我今无復疑　安住於佛道　方便爲侍者　護持諸佛法
尒時佛告羅睺羅汝於来世當得作佛号蹈
七寶華如来應供正遍知明行足善逝世間
解无上士調御丈夫天人師佛世尊當供養

解无上士調御丈夫天人師佛世尊當供養
十世界微塵等數諸佛如來常為諸佛而
作長子猶如今也是蹈七寶華佛國土莊嚴
壽命劫數所化弟子正法像法亦如山海慧
自在通王如來无異亦為此佛而作長子過
是已後當得阿耨多羅三藐三菩提尒時世
尊欲重宣此義而說偈言
我為太子時　羅睺為長子　我今成佛道　受法為法子
於未來世中　見无量億佛　皆為其長子　一心求佛道
羅睺羅密行　唯我能知之　現為我長子　以示諸眾生
无量億千万　功德不可數　安住於佛法　以求无上道
尒時世尊見學无學二千人其意柔軟寂
然清淨一心觀佛佛告阿難汝見是學无學

二千人不唯然已見阿難是諸人等當供
養五十世界微塵數諸佛如來恭敬尊重護
持法藏末後同時於十方國各得成佛皆同一
号名曰寶相如來應供正遍知明行足善逝
世間解无上士調御丈夫天人師佛世尊壽
命一劫國土莊嚴聲聞菩薩正法像法皆悉
同等尒時世尊欲重宣此義而說偈言
是二千聲聞　今於我前住　悉皆与授記　未来當成佛
所供養諸佛　如上說塵數　護持其法藏　後當成正覺
各於十方國　悉同一名号　俱時坐道場　以證无上慧
皆名為寶相　國土及弟子　正法與像法　悉等无有異
咸以諸神通　度十方衆生　名聞普周遍　漸入於涅槃
尒時學无學二千人聞佛授記歡喜踊躍而

尒時學无學二千人聞佛授記歡喜踊躍而
說偈言
世尊慧燈明　我聞授記音　心歡喜充滿　如甘露見灌
妙法蓮華經法師品第十
尒時世尊因藥王菩薩告八万大士藥王汝
見是大衆中无量諸天龍王夜叉乹闥婆阿
脩羅迦樓羅緊那羅摩睺羅伽人非人等及
比丘比丘尼優婆塞優婆夷求聲聞者求辟
支佛者求佛道者如是等類咸於佛前聞妙
法華經一偈一句乃至一念隨喜者我皆与
授記當得阿耨多羅三藐三菩提佛告藥王
又如來滅度之後若有人聞妙法華經乃至
一偈一句一念隨喜者我亦与授阿耨多羅

三藐三菩提記若復有人受持讀誦解說書
寫妙法經乃至一偈於此經卷敬視如佛
種種供養華香瓔珞末香塗香燒香繒蓋
幢幡衣服伎樂乃至合掌恭敬藥王當知
是諸人等已曾供養十万億佛於諸佛所成
就大願愍衆生故生此人間藥王若有人問何
等衆生於未來世當得作佛應示是諸人等
於未來世必得作佛何以故若善男子善女人
於法華經乃至一句受持讀誦解說書寫種
種供養經卷華香瓔珞末香塗香燒香繒
蓋幢幡衣服伎樂合掌恭敬是人一切世間
所應瞻奉應以如來供養而供養之當知此
人是大菩薩成就阿耨多羅三藐三菩提

BD00555　妙法蓮華經卷四

所應瞻奉應以如来供養而供養之當知此
人是大菩薩成就阿耨多羅三藐三菩提
哀愍衆生願生此間廣演分別妙法華経何況
盡能受持種種供養者藥王當知是人自捨
清淨業報於我滅度後愍衆生故生於惡世
廣演此経若是善男子善女人我滅度後能
竊為一人說法華経乃至一句當知是人則
如来使如来所遣行如来事何況於大衆中
廣為人說藥王若有惡人以不善心於一劫中
現於佛前常毀罵佛其罪尚輕若人以惡
言毀呰在家出家讀誦法華経者其罪甚
重藥王其有讀誦法華経者當知是人以佛
莊嚴而自莊嚴則為如来肩所荷擔其所至

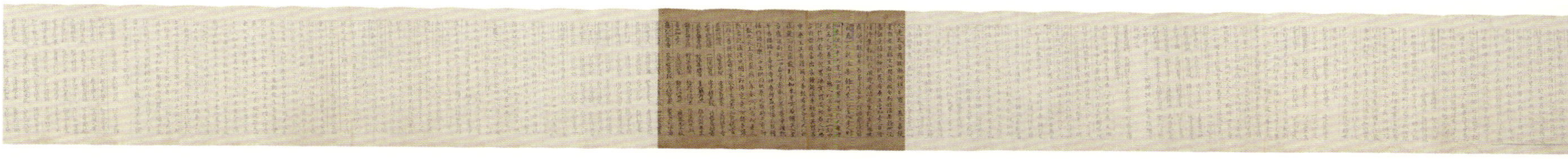

方應隨向禮一心合掌恭敬供養尊重讚歎
華香瓔珞末香塗香燒香繒蓋幢幡衣服餚
饍作諸伎樂人中上供而供養之應持天寶而
以散之天上寶聚應以奉獻所以者何是人
歡喜說法須臾聞之即得究竟阿耨多羅
三藐三菩提故尒時世尊欲重宣此義而說偈言
若欲住佛道　成就自然智　常當勤供養　受持法華者
其有欲疾得　一切種智慧　常受持是經　并供養持者
若有能受持　妙法華經者　當知佛所使　愍念諸衆生
諸有能受持　妙法華經者　捨於清淨土　愍衆故生此
當知如是人　自在所欲生　能於此惡世　廣說無上法
應以天華香　及天寶衣服　天上妙寶聚　供養說法者
[illegible]滅後惡世　能持是經者　當合掌禮敬　如供養世尊

BD00555　妙法蓮華經卷四

當知如是人 自在所欲生 能於此

應以天華香 及天寶衣服 天上妙寶聚 供養說法者

吾滅後惡世 能持此經者 當合掌礼敬 如供養世尊

上饌衆甘美 及種種衣服 供養是佛子 兾得須臾聞

若能於後世 受持此經者 我遣在人中 行於如來事

若於一劫中 常懷不善心 作色而罵佛 獲無量重罪

其有讀誦持 是法華經者 須臾加惡言 其罪復過彼

有人求佛道 而於一劫中 合掌在我前 以无數偈讚

由是讚佛故 得无量功德 歎美持經者 其福復過彼

於八十億劫 以最妙色聲 及与香味觸 供養持經者

如是供養已 若得須臾聞 則應自欣慶 我今獲大利

藥王今告汝 我所說諸經 而於此經中 法華最第一

尒時佛復告藥王菩薩摩訶薩我所經說典无量

千萬億已說今說當說而於其中此法華經

最爲難信難解藥王此経是諸佛秘要之
藏不可分布妄授与人諸佛世尊之所守護從
昔已来未曾顯說而此経者如来現在猶多
怨嫉況滅度後藥王當知如来滅後其餘
書持讀誦供養爲他人說者如来則爲以
衣覆之又爲他方現在諸佛之所護念是人有
大信力及志願力諸善根力當知是人與如
来共宿則爲如来手摩其頭藥王在在處
處若說若讀若誦若書若経卷所住之處皆
應起七寶塔極令高廣嚴飾不須復安舍利
所以者何此中已有如来全身此塔應以一切華
香瓔珞繒蓋幢幡伎樂歌頌供養恭敬尊重
讚歎若有人得見此塔礼拜供養當知是等

讚歎若有人得見此塔礼拜供養當知是等
皆近阿耨多羅三藐三菩提藥王多有人在
家出家行菩薩道若不能得見聞讀誦書持
供養是法華經者當知是人未善行菩薩
道若有得聞是經典者乃能善行菩薩之道
其有衆生求佛道者若見若聞是法華經聞
已信解受持者當知是人得近阿耨多羅三藐
三菩提藥王譬如有人渴乏須水於彼高原
穿鑿求之猶見乾土知水尚遠施功不已
轉見濕土遂漸至泥其心決定知水必近菩薩
亦復如是若未聞未解未能修習是法華經
當知是人去阿耨多羅三藐三菩提尚遠若得
聞解思惟修習必知得近阿耨多羅三藐三菩

提皆屬此經此經開方便門示真實相是法
華經藏深固幽遠無人能到今佛教化
成就菩薩而爲開示藥王若有菩薩聞是法華
經驚疑怖畏當知是爲新發意菩薩若聲
聞人聞是經驚疑怖畏當知是爲增上慢者
藥王若有善男子善女人如來滅後欲爲四
衆說是法華經者云何應說是善男子善
女人入如來室著如來衣坐如來座尒乃應
爲四衆廣說斯經如來室者一切衆生中大慈
悲心是如來衣者柔和忍辱心是如來座者
一切法空是安住是中然後以不懈怠心爲
諸菩薩及四部衆廣說是法華經藥王我
於餘國遣化人爲其集聽法衆亦遣化比丘比

BD00555　妙法蓮華經卷四

於餘國遣化人爲其集聽法衆亦遣化比丘比
丘尼優婆塞優婆夷聽其說法是諸化人聞
法信受隨順不逆若說法者在空閑處我時
廣遣天龍鬼神乾闥婆阿脩羅等聽其說
法我雖在異國時時令說法者得見我身
若於此經忘失句逗我還爲說令得具足尒時
世尊欲重宣此義而說偈言
欲捨諸懈怠　應當聽此經　是經難得聞　信受者亦難
如人渴須水　穿鑿於高原　猶見乾燥土　知去水尚遠
漸見濕土泥　決定知近水　藥王汝當知　如是諸人等
不聞法華經　去佛智甚遠　若聞是深經　決了聲聞法
是諸經之王　聞已諦思惟　當知此人等　近於佛智慧
若人說此經　應入如來室　著於如來衣　而坐如來座

處衆无所畏　廣爲分別說　大慈悲爲室　柔和忍辱衣
諸法空爲座　處此爲說法　若說此經時　有人惡口罵
加刀杖瓦石　念佛故應忍　我千万億土　現淨堅固身
於无量億劫　爲衆生說法　若我滅度後　能說此經者
我遣化四衆　比丘比丘尼　及清信士女　供養於法師
引導諸衆生　集之令聽法　若人欲加惡　刀杖及瓦石
則遣變化人　爲之作衛護　若說法之人　獨在空閑處
寂寞无人聲　讀誦此經典　我尒時爲現　清淨光明身
若忘失章句　爲說令通利　若人具是德　或爲四衆說
空處讀誦經　皆得見我身　若人在空閑　我遣天龍王
夜叉鬼神等　爲作聽法衆　是人樂說法　分別无罣等
諸佛護念故　能令大衆喜　若能近法師　速得菩薩道
隨順是師學　得見恒沙佛

諸佛護念故　能令大衆喜　若親近法師　速得菩薩道
隨順是師學　得見恒沙佛

妙法蓮華經見寶塔品第十一

尒時佛前有七寶塔高五百由旬縱廣二百
五十由旬從地踊出住在空中種種寶物而
莊校之五千欄楯龕室千万无數幢幡以
爲嚴飾垂寶瓔珞寶鈴万億而懸其上四
面皆出多摩羅跋栴檀之香充遍世界其諸
幡蓋以金銀瑠璃車𤦲馬瑙真珠玫瑰七寶合
成高至四天王宮三十三天雨天曼陁羅華供
養寶塔餘諸天龍夜叉乾闥婆阿脩羅迦樓
羅緊那羅摩睺羅伽人非人等千万億衆以
一切華香瓔珞幡蓋伎樂供養寶塔恭敬尊

重讃歎尒時寶塔中出大音聲歎言善哉善
釋迦牟尼世尊能以平等大慧教菩薩法
佛所護念妙法華経為大衆說如是如是
釋迦牟尼世尊如所說者皆是真實尒時
四衆見大寶塔住在空中又聞塔中所出音聲皆
得法喜恠未曾有從座而起恭敬合掌却
住一面尒時有菩薩摩訶薩名大樂說知一
切世間天人阿脩羅等心之所疑而白佛言世
尊以何因緣有此寶塔從地踊出又於其中
發是音聲尒時佛告大樂說菩薩此寶塔中
有如來全身乃往過去東方无量千萬億阿
僧祇世界國名寶淨彼中有佛號曰多寶其
佛本行菩薩道時作大誓願若我成佛滅度
之後於十方國土有說法華経處我之塔廟

[illegible]
佛本行菩薩道時作大誓願若我成佛滅度
之後於十方國土有說法華経處我之塔廟
爲聽是経故踊現其前爲作證明讚言善
哉彼佛成道已臨滅度時於天人大衆中告諸
比丘我滅度後欲供養我全身者應起一大
塔其佛以神通願力十方世界在在處處若
有說法華経者彼之寶塔皆踊出其前全
身在於塔中讚言善哉善哉大樂說今多寶
如来塔聞說法華経故從地踊出讚言善哉
善哉是時大樂說菩薩以如来神力故白佛言
世尊我等願欲見此佛身佛告大樂說菩
薩摩訶薩是多寶佛有深重願若我寶

塔為聽法華經故出於諸佛前時其有欲
以我身示四衆者彼佛分身諸佛在於十方世界
說法盡還集一處然後我身乃出現耳大樂說
我分身諸佛在於十方世界說法者今應當
集大樂說白佛言世尊我等亦願欲見世尊分
身諸佛礼拜供養尒時佛放白毫一光即見
東方五百万億那由他恒河沙等國土諸佛
彼諸國土皆以頗梨為地寶樹寶衣以為莊
嚴无數千萬億菩薩充滿其中遍張寶幔寶
網羅上彼國諸佛以大妙音而諸說法及見
无量千萬億菩薩遍滿諸國為衆說法南
西北方四維上下白毫相光所照之處亦復
如是尒時十方諸佛各告衆菩薩言善男子

如是尒時十方諸佛各告衆菩薩言善男子
我今應往娑婆世界釋迦牟尼佛所并供養
多寶如來寶塔時娑婆世界即變清淨瑠
璃為地寶樹莊嚴黄金為繩以界八道无諸
聚落村營城邑大海江河山川林藪燒大寶香
曼陁羅華遍布其地以寶網幔羅覆其上懸
諸寶鈴唯留此會衆移諸天人置於他土是
時諸佛各將一大菩薩以為侍者至娑婆世
界各到寶樹下一一寶樹高五由旬枝葉華
菓次第莊嚴諸寶樹下皆有師子之座高百
由旬亦以大寶而校(飾)之尒時諸佛各於此
座結加趺坐如是展轉遍滿三千大千世界
而於釋迦牟尼佛一方所分之身猶故未盡

時釋迦牟尼佛欲容受所分身諸佛故八方
各更變二百萬億那由他國皆令清淨无有
地獄餓鬼畜生及阿脩羅又移諸天人置於
他土所化之國亦以瑠璃為地寶樹莊嚴樹
高五百由旬枝葉華菓次第嚴餝樹下皆
有寶師子座高百由旬種種諸寶以為莊挍亦
无大海江河及目真隣陀山摩訶目真隣陀
山鐵圍山大鐵圍山須彌山等諸山王通為一
佛國土寶地平正寶交露幔遍覆其上懸
諸幡蓋燒大寶香諸天寶華遍布其地釋迦
牟尼佛為諸佛當來坐故復於八方各更變
二百萬億那由他國皆令清淨无有地獄餓
鬼畜生及阿脩羅又移諸天人置於他土所

鬼畜生及阿脩羅又移諸天人置於他土所
化之國亦以瑠璃為地寶樹莊嚴樹高五百
由旬枝葉華菓次第莊嚴樹下皆有寶師子
座高五由旬亦以大寶而挍餝之亦无大海
江河及目真隣陁山摩訶目真隣陁山鐵圍
山大鐵圍山須弥山等諸山王通為一佛國
土寶地平正寶交露幔遍覆其上懸諸幡蓋
燒大寶香諸天寶華遍布其地尒時東方釋
迦牟尼所分之身百千万億那由他恒河沙
等國土中諸佛各各說法來集於此如是次
第十方諸佛皆悉來集坐於八方尒時一一
方四百万億那由他國土諸佛如來遍滿其
中是時諸佛各在寶樹下坐師子座皆遣

侍者問訊釋迦牟尼佛各賫寶華滿掬而
告之言善男子汝往詣耆闍崛山釋迦牟尼佛
所如我詞曰少病少惱氣力安樂及菩薩聲聞
衆悉安隱不以此寶華散佛供養而作是言
彼某甲佛與欲開此寶塔諸佛遣使亦復如
是尒時釋迦牟尼佛見所分身佛悉已來集
各各坐於師子之座皆聞諸佛與欲同開寶
塔即從座起住虚空中一切四衆起立合掌一
觀心佛於是釋迦牟尼佛以右指開七寶塔
戶出大音聲如却關鑰開大城門即時一切
衆會皆見多寶如來於寶塔中坐師子座
全身不散如入禪定又聞其言善哉善哉釋迦牟
尼佛快說是法華經我為聽是經故而来至

全身不散如入禪定又聞其言善哉善哉釋迦
尼佛快說是法華經我爲聽是經故而來至
此尒時四衆等見過去无量千万億劫滅度
佛說如是言歎未曾有以天寶華聚散
多寶佛及釋迦牟尼佛上尒時多寶佛於寶
塔中分半座與釋迦牟尼佛而作是言釋迦
牟尼佛可就此座即時釋迦牟尼佛入其塔中
坐其半座結跏趺坐尒時大衆見二如來在七
寶塔中師子座上結跏趺坐各作是念佛座
高遠唯願如來以神通力令我等輩俱處虛
空即時釋迦牟尼佛以神通力接諸大衆皆
在虛空以大音聲普告四衆誰能於此娑婆國
土廣說妙法華經今正是時如來不久當入

涅槃佛欲以此妙法華經付囑有在

世尊欲重宣此義而說偈言

聖主世尊　雖久滅度　在寶塔中　尚為法來

諸人云何　不勤為法　此佛滅度　无央數劫

處處聽法　以難遇故　彼佛本願　我滅度後

在在所往　常為聽法　又我分身　无量諸佛

如恒沙等　來欲聽法　及見滅度　多寶如來

各捨妙土　及弟子衆　天人龍神　諸供養事

令法久住　故來至此　為坐諸佛　以神通力

移无量衆　令國清淨　諸佛各各　詣寶樹下

如清淨池　蓮華莊嚴　其寶樹下　諸師子座

佛坐其上　光明嚴飾　如夜闇中　然大炬火

身出妙香　遍十方國　衆生蒙薰　喜不自勝

身出妙香　遍十方國　衆生蒙薰　喜不自勝
譬如大風　吹小樹枝　以是方便　令法久住
告諸大衆　我滅度後　誰能護持　讀說此経
今於佛前　自說誓言　其多寶佛　雖久滅度
以大誓願　而師子吼　多寶如來　及與我身
所集化佛　當知此意　諸佛子等　誰能護持
當發大願　令得久住　其有能護　此経法者
則為供養　我及多寶　此多寶佛　處於寶塔
常遊十方　為是経故　亦復供養　諸來化佛
莊嚴光飾　諸世界者　若說此経　則為見我
多寶如來　及諸化佛　諸善男子　各諦思惟
此為難事　宜發大願　諸餘経典　數如恒沙
雖說此等　未足為難　若接須弥　擲置他方

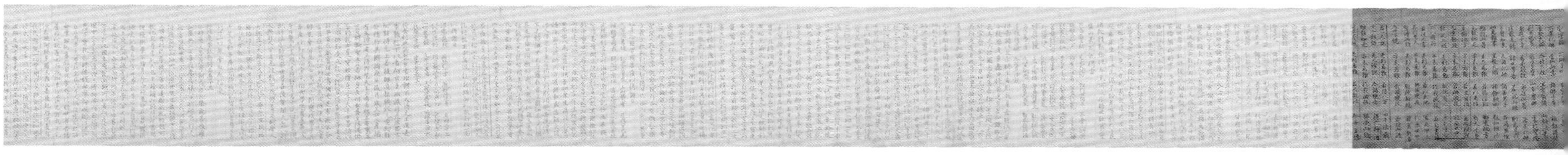

无數佛土　亦未爲難　若以足指　動大千界
遠擲他方　亦未爲難　若立有頂　爲衆演說
无量餘経　亦未爲難　若佛滅後　扵惡世中
能說此経　是則爲難　假使有人　手把虛空
而以遊行　亦未爲難　扵我滅後　若自書持
若使人書　是則爲難　若以大地　置足甲上
昇扵梵天　亦未爲難　佛滅度後　扵惡世中
暫讀此経　是則爲難　假使劫燒　擔負乾草
入中不燒　亦未爲難　我滅度後　若持此経
爲一人說　是則爲難　若持八万　四千法藏
十二部経　爲人演說　令諸聽者　得六神通
雖能如是　亦未爲難　扵我滅後　聽受此経
問其義趣　是則爲難　若人說法　令千万億

問其義趣 是則爲難 若人說法 令千万億
无量无數 恒沙衆生 得阿羅漢 具六神通
雖有是益 亦未爲難 於我滅後 若能奉持
如斯経典 是則爲難 我爲佛道 於无量土
從始至今 廣說諸経 而於其中 此経第一
若有能持 則持佛身 諸善男子 於我滅後
誰能受持 讀誦此経 今於佛前 自說誓言
此経難持 若暫持者 我則歡喜 諸佛亦然
如是之人 諸佛亦歎 是則勇猛 是則精進
是名持戒 行頭陀者 則爲疾得 无上佛道
能於來世 讀持此経 是真佛子 住淳善地
佛滅度後 能解其義 是諸天人 世間之眼
於恐畏世 能須臾說 一切天人 皆應供養

妙法蓮華経提婆達多品第十二
尒時佛告諸菩薩及天人四衆吾於過去无
量劫中求法華経无有懈惓於劫中常作
國王發願求於无上菩提心不退轉為欲滿
足六波羅蜜勤行布施心无悋惜象馬七珎
國城妻子奴婢僕從頭目髓腦身肉手足
不惜軀命時世人民壽命无量為於法故捐
捨國位委政太子擊鼓宣令四方求法誰能
為我大乘者五當終身供給走使時有仙人
來白王言我有大乘名妙法蓮華経若不違
我當為宣說王聞仙言歡喜踊躍即隨仙人
供給所須採菓汲水拾薪設食乃至以身
而為床坐身心无惓于時奉事経於千歲

供給所須采果汲水拾薪設食乃至以身
而為床坐身心无惓于時奉事経於千歳
法故精勤給使令无所乏尒時世尊欲重
宣此義而說偈言
我念過去劫　為求大法故　雖作世國王　不貪五欲樂
椎鍾告四方　誰有大法者　若為我解脫　身當為奴僕
時有阿私仙　來白大王言　我有微妙法　世間所希有
若能脩行者　吾當為汝說　時王聞仙言　心生大喜悅
即便隨仙人　供給於所須　採薪及菓蓏　隨時恭敬与
情存妙法故　身心无懈惓　普為諸衆生　勤求於大法
亦不為己身　及以五欲樂　故為大國王　勤求獲此法
遂致得成佛　今故為汝說
佛告諸比丘尒時王者則我身是時仙人者
今提婆達多是由提婆達多善知識故令

我具足六波羅蜜慈悲喜捨三十二相八十種
好紫磨金色十力四无所畏四攝法十八不
共神通道力成等正覺廣度衆生皆因提婆
達多善知識故告諸四衆提婆達多劫後過
无量劫當得成佛号曰天王如來應供正遍
知明行足善逝世間解无上士調御丈夫天人
師佛世尊世界名天道時天王佛住世二十
中劫廣爲衆生說於妙法恒河沙衆生得阿
羅漢果无量衆生發緣覺心恒河沙衆生
發无上道心得无生法忍住不退轉時天王佛
般涅槃後正法住世二十中劫全身舍利起
七寶塔高六十由旬縱廣四十由旬諸天人民
悉以雜華末香燒香塗香衣服瓔珞幢幡

悉以雜華末香燒香塗香衣服瓔珞幢幡
寶蓋伎樂歌頌礼拜供養七寶妙塔无量衆
生得阿羅漢果无量衆生悟辟支佛不可思
議衆生發菩提心至不退轉佛告諸比丘未來
世中若有善男子善女人得聞妙法華經提
婆達多品淨心信敬不生疑惑者不墮地獄
餓鬼畜生生十方佛前所生之處常聞此經
若生人天中受勝妙樂若在佛前蓮華化生
於時下方多寶世尊所從菩薩名曰智積白
多寶佛當還本土釋迦牟尼佛智積曰善
男子且待須臾此有菩薩名文殊師利可
與相見論說妙法可還本土尒時文殊師利
坐千葉蓮華大如車輪俱來菩薩亦坐寶蓮

華從於大海娑竭羅龍宮自然涌出住虛空中詣
靈鷲山從蓮華下至於佛前頭面敬礼二世
尊足脩敬已畢往智積所共相慰問却坐一
面智積菩薩問文殊師利仁往龍宮所化衆
生其數幾何文殊師利言其數无量不可稱
計非口所宣非心所測且待須臾自當有證
所言未竟无數菩薩坐寶蓮華從海踊出詣
靈鷲山住在虛空此諸菩薩皆是文殊師利
之所化度具菩薩行皆共論說六波羅蜜本
聲聞人在虛空中說聲聞行今皆脩行大乘
空義文殊師利謂智積曰於海所教化其事
如是尒時智積菩薩以偈讚曰
大智德勇健　化度无量衆　今此諸大會　及我皆已見

大智德勇健　化度元量衆　今此諸大會　及我皆已見
演暢實相義　開闡一乘法　廣度諸群生　令速成菩提
文殊師利言我於海中唯常宣說妙法華経
智積菩薩問文殊師利言此経甚深微妙諸
経中寶世所希有頗有衆生勤加精進脩行
此経速得佛不文殊師利言有娑竭羅龍王
女年始八歲智慧利根善知衆生諸根行業
得陁羅尼諸佛所說甚深秘藏悉能受持
深入禪定了達諸法於剎那頃發菩提心得
不退轉辯才元㝵慈念衆生猶如赤子功德
具足心念口演微妙廣大慈悲仁讓志意和
雅能至菩提智積菩薩言我見釋迦如來於
元量劫難行苦行積功累德求菩薩道未曾

止息觀三千大千世界乃至无有如芥子許非是
菩薩捨身命處為衆生故然後乃得成菩
提道不信此女於須臾頃便成正覺言論未
訖時龍王女忽現於前頭面禮敬却住一面
以偈讚曰
深達罪福相　遍照於十方　微妙淨法身　具相三十二
以八十種好　用莊嚴法身　天人所戴仰　龍神咸恭敬
一切衆生類　无不宗奉者　又聞成菩提　唯佛當證知
我闡大乘教　度脫苦衆生
時舍利弗語龍女言汝謂不久得无上道是
事難信所以者何女身垢穢非是法器云
何能得无上菩提佛道懸曠經无量劫勤
苦積行具修諸度然後乃成又女人身猶

苦積行具脩諸度然後乃成又女人身猶
有五障一者不得作梵天王二者帝釋三者魔王
四者轉輪聖王五者佛身云何女身速得成佛
尒時龍女有一寶珠價直三千大千世界持以
上佛佛即受之龍女謂智積菩薩尊者舍
利弗言我獻寶珠世尊納受是事疾不荅
言甚疾女言以汝神力觀我成佛復速於此當
時衆會皆見龍女忽然之間變成男子具
菩薩行即往南方无垢世界坐寶蓮華成
等正覺三十二相八十種好普為十方一切衆生演
說妙法尒時娑婆世界菩薩聲聞天龍八部
人與非人皆遥見彼龍女成佛普為時會人
天說法心大歡喜悉遥敬礼无量衆生聞法

解悟得不退轉无量衆生得受道記无垢世
界六反震動娑婆世界三千衆生住不退地三
千衆生發菩薩心而得授記智積菩薩及舍
利弗一切衆會黙然信受

妙法蓮華經勸持品第十三

尒時藥王菩薩摩訶薩及大樂說菩薩摩
訶薩與二万菩薩眷屬俱皆於佛前作是
誓言唯願世尊不以為慮我等於佛滅後當奉
持讀誦說此經典後惡世衆生善根轉少多增
上慢貪利供養增不善根遠離解脫雖難可
教化我等當起大忍力讀誦此經持說書寫
種種供養不惜身命尒時衆中五百阿羅漢
得受記者白佛言世尊我等亦自誓願於異

BD00555　妙法蓮華經卷四

得受記者白佛言世尊我等亦自誓願於異
國土廣說此經復有學无學八千人得授記
者從座而起合掌向佛作是誓言世尊我等
亦當於他國土廣說此經所以者何是娑婆
國中人多弊惡懷增上慢功德淺薄瞋濁諂
曲心不實故尒時佛姨母摩訶波闍波提比
丘尼與學无學比丘尼六千人俱從座而起一心
合掌瞻仰尊顏目不暫捨於時世尊告憍
曇彌何故憂色而視如來汝心將无謂我不說
汝名授阿耨多羅三藐三菩提記耶憍曇彌
我先惣說一切聲聞皆已授記今汝欲知記者
將來之世當於六万八千億諸佛法中為大
法師及六千學无學比丘尼俱為法師汝如是

漸漸具菩薩道當得作佛號一切衆生喜
見如来應供正遍知明行足善逝世間解无
上士調御丈夫天人師佛世尊憍曇弥是一切
衆生喜見佛及六千菩薩轉次授記得阿耨
多羅三藐三菩提尒時羅睺羅母耶輸陁羅
比丘尼作是念世尊於授記中獨不說我名
耶輸陁羅汝於来世百千万億諸佛法中脩
菩薩行爲大法師漸具佛道於善國中當得
作佛号具足千万光想如来應供正遍知明行足
善逝世間解无上士調御丈夫天人師佛世
尊佛壽无量阿僧祇劫尒時摩訶波闍波
提比丘尼及耶輸陁羅比丘尼并其眷屬皆
大歡喜得未曾有即於佛前而說偈言

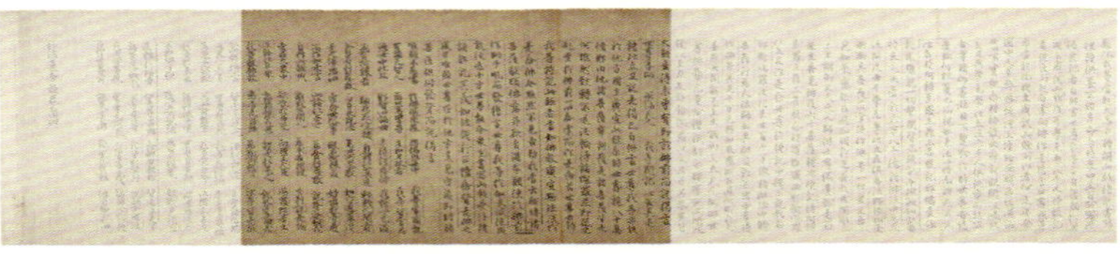

大歡喜得未曾有即於佛前而說偈言
世尊導師　安隱天人　我等聞記　心安具足
諸比丘尼說是偈已白佛言世尊我等亦能
於他方國土廣宣此經尒時世尊視八十萬
億那由他諸菩薩摩訶薩是諸菩薩皆是
阿惟越致轉不退法輪得諸陁羅尼即從坐
起至於佛前一心合掌而作是念若世尊告勅
我等持說此經者當如佛教廣宣斯法復作
是念佛今默然不見告勅我當云何時諸
菩薩敬順佛意并欲自滿本願便於佛前
作師子吼而發誓言世尊我等於如來滅後周
旋往返十方世界能令衆生書寫此經受持讀
誦解說其義如法修行正憶念皆是佛之

威力唯願世尊在扵他方遙見守護即時諸
菩薩俱同發聲而說偈言
唯願不為慮　扵佛滅度後　恐怖惡世中　我等當廣說
有諸无智人　惡口罵詈等　及加刀杖者　我等皆當忍
惡世中比丘　邪智心諂曲　未得謂為得　我慢心充滿
或有阿練若　納衣在空閑　自謂行真道　輕賤人間者
貪著利養故　与白衣說法　為世所恭敬　如六通羅漢
是人懷惡心　常念世俗事　假名阿練若　好出我等過
而作如是言　此諸比丘等　為貪利養故　說外道論義
自作此经典　誑惑世間人　為求名聞故　分別說是经
常在大衆中　欲毀我等故　向國王大臣　婆羅門居士
及餘比丘衆　誹謗說我惡　謂是邪見人　說外道論義
我等敬佛故　悉忍是諸惡　為斯所輕言　汝等皆是佛

我等敬佛故　悉忍是諸惡　為斯所輕言　汝等皆是佛
如此輕慢言　皆當忍受之　濁劫惡世中　多有諸恐怖
惡鬼入其身　罵詈毀辱我　我等敬信佛　當著忍辱鎧
為說是經故　忍此諸難事　我不受身命　但惜无上道
我等於來世　護持佛所囑　世尊自當知　濁世惡比丘
不知佛方便　隨宜所說法　惡口而顰蹙　數數見擯出
遠離於塔寺　如是等衆惡　念佛告勑故　皆當忍是事
諸聚落城邑　其有求法者　我皆到其所　說佛所囑法
我是世尊使　處衆无所畏　我當善說法　願佛安隱住
我於世尊前　諸來十方佛　發如是誓願　佛自知我心

妙法蓮華經卷苐四

BD00556

維摩詰所說經卷上

（後秦）鳩摩羅什 譯

80.5cm × 26cm

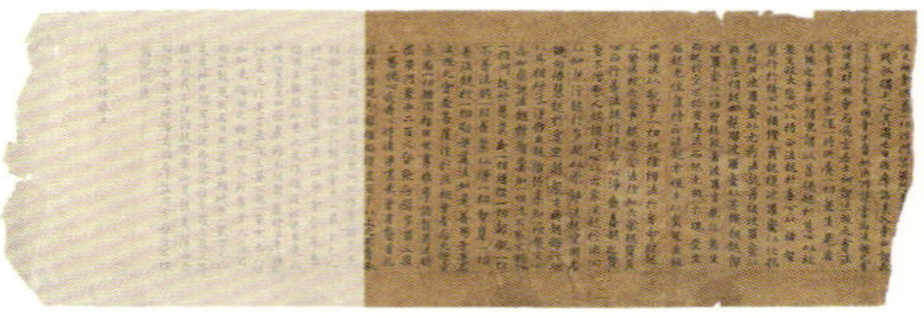

設大施會供養一切沙門婆羅門及諸
下賤孤獨乞人其滿七日維摩詰來入會中謂我
言長者子夫大施會不當如汝所設當爲法施之會
何用是財施會爲我言居士何謂法施之會法
施會者无前无後一時供養一切衆生是名
法施之會何謂也謂以菩提起於慈心以救
衆生起大悲心以持正法起於喜心以攝智
慧行於捨心以攝慳貪起檀波羅蜜以化犯
戒起尸波羅蜜以无我法起羼提波羅蜜以
離身心相起毗梨耶波羅蜜以菩提相起禪
波羅蜜以一切智起般若波羅蜜教化衆生
而起於空不捨有爲法而起无相示現受生
而起无作護持正法起方便力以度衆生起
四攝法以敬事一切起除慢法於身命財起

三堅法於六念中起思念法於和六敬起質直
心正行善法起於淨命心淨歡喜起近賢
聖不憎惡人起調伏心以出家法起於深心
以如說行起於多聞以无諍法起空閑處
趣向佛慧起於宴坐解衆生縛起脩行地
以具相好及淨佛土起福德業知一切衆生心
念如應說法起於智業知一切法不取不捨入
一相門起於慧業斷一切煩惱一切鄣礙一切
不善法起一切善業以得一切智慧一切
善法起於一切助佛道法如是善男子是為
法施之會若菩薩住於法施會者為大施主
亦為一切世間福田世尊維摩詰說是法時
婆羅門衆中二百人皆發阿耨多羅三藐
三菩提心我時心得清淨嘆未曾有稽首礼
維摩詰足即解瓔珞價直百千以上之不肯取

三菩提心我時心得清淨歎未曾有稽首禮
維摩詰足即解瓔珞價直百千以上之不肯取
我言居士願必納受隨意所與維摩詰乃受
瓔珞分作二分持一分施此會中一最下乞人
持一分奉彼難勝如來一切衆會皆見光
明國土難勝如來又見珠瓔在彼佛上變成
四柱寶臺四面嚴飾不相鄣蔽時維摩詰現
神變已作是言若施主等心施一最下乞人猶
如如來福田之相无所分別等于大悲不
求果報是則名曰具足法施城中一最下乞人
見是神力聞其所說即發阿耨多羅三藐三菩
提心故我不任詣彼問疾如是諸菩薩各各
向佛說其本緣稱述維摩詰所言皆曰不任
詣彼問疾

維摩詰經卷上

BD00556　維摩詰所説經卷上

BD00557A　正法念處經卷五

（北魏）般若流支 譯

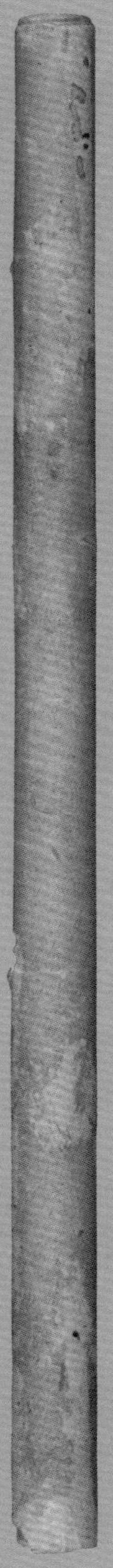

48.5cm × 27cm

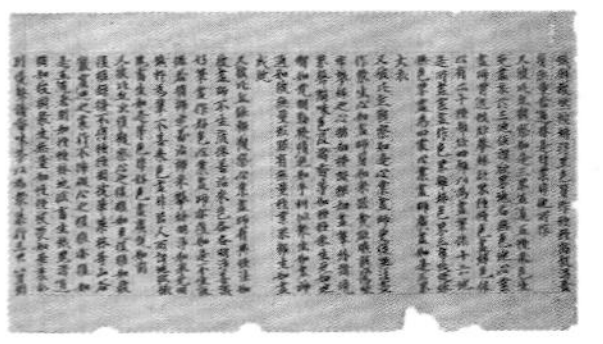

鐵壁被煞被縛得黑色身作種種病飢渴苦
身無量苦遍皆是自業非他所作
又彼比丘觀察如是三界五道五種衆生生
死畫衣於三地住謂欲界地名無色地心業
畫師習近婬欲攀緣欲界種種色畫緣色依
心有二十種離欲四禪以為畫筆依十六地
是所畫處畫作色界離緣色界三摩跋提緣
無色界畫為四處心業畫師廣畫如是三界
大衣
又彼比丘觀察如是心業畫師更復異法畫
作衆生心如畫師身如衆器貪欲瞋癡以為堅
牢攀緣之心猶如梯蹬根如畫筆外諸境
界聲觸味色及諸香等如種種衆生死如地
智如光明動發精進如手相以衆生如畫神

通如彼無量形相有無量種業果報生如畫
成就
又彼比丘依禪觀察心業畫師有異種法如
彼畫師不生疲惓善治采色各各明淨善識
好筆畫作好色心業畫師亦復如是不生疲
惓若修禪定善治禪采攀緣明淨如采光明
鐵杵為筆不善來色畫非器人所謂地獄餓
鬼畜生如是等色非好色畫廣說如前
又彼比丘次復觀察心之猨猴如見猨猴如彼
猨猴躁擾不得種種樹枝華菓林等山谷
巖窟迴之處行不障礙心之猨猴亦復如
是五道巷別如種種林地獄畜生餓鬼諸道
猶如彼樹衆生無量如種種枝愛如華葉分
別愛聲諸香味等以為衆菓行三界山身則

BD00557B 正法念處經卷二五

（北魏）般若流支 譯

48.5cm × 27cm

於城邑聚落而常脩禪非禪戒者離禪行戒
離惡戒者遠遣衆惡捨之不為如人醉酒行
不善業智人見之斷酒不飲復有三種戒一
者諂曲戒二者不諂曲戒三者性善戒諂曲
戒者垢染不淨得少果報不諂曲戒者得大
果報性善戒者若心增上則得大果若心劣
弱其果則小復有三種一者因緣持二非因緣
持三者法不應作因緣持者有因緣故護
持禁戒非因緣者无緣持戒不應作者生於
大姓所不應作護種姓故復次從緣持戒者
為得佛故以思勝故其果則大无緣持戒其
果則小不識果故不應作者求世名故其果
亦小生於人中復有三種一者畏師二非畏
師三者畏於惡道畏師持戒名下等戒非畏

三種一者自持戒而不教人二者自行教人三者
於他行捨復有三種一者歡戒二者不歡戒
三者一切歡戒歡戒者初善持戒後則破戒是
名歡戒不歡戒者初中後持常善持戒是名
不歡戒一切歡戒者會諸外道而受齋戒邪
見煞生是名一切歡戒復次比丘觀四種戒何
等為四離口四過一者妄語二者兩舌三者
惡口四者綺語復有五種戒正五境界是
名為五復有六種因緣而持禁戒一者畏他求
便二者畏於罰戮三者怖畏四者因緣五者
不觀六者自性復有七種戒謂身三戒口有
四戒比丘如是觀無量持戒衆生畏於惡道
持戒能度如是持戒略說二種一者世間二
者出世間

BD00557C　正法念處經卷四一

（北魏）般若流支 譯

48.5cm × 27cm

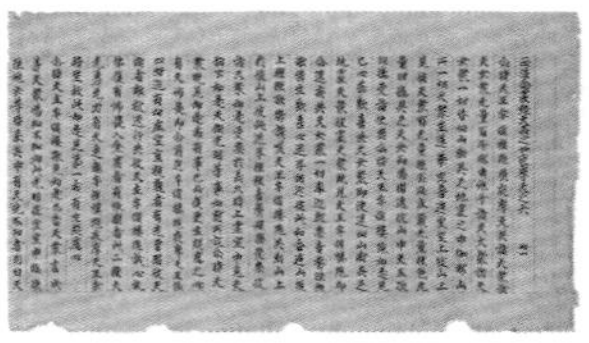

正法念處經天品之廿夜摩天之六　卌一

尒時天王牟脩樓陁須夜摩天共諸天衆諸天女衆无量百千那由他千諸天大衆諸天女衆一切皆向山樹具足地處之中伽那山所一切天衆坐蓮華坐普遍虛空上彼山上見彼天衆有无量種形服莊嚴无量種色无量功德具足天女而為圍遶彼山中天五欲功德受諸伎樂尒時天王牟脩樓陁如是見已心甚歡喜共天女衆即便速向山樹具足地處天衆彼處天衆既見天王牟脩樓陁即尒速疾共天女衆一切奉迎皷樂音聲種種歌儛生歡喜心迭互相近彼此和合遍山頂

上種種歌舞讚嘆天王牟脩樓陀共至山上
於彼山上彼此迭互種種音聲娛樂受樂彼
諸天衆如是受樂於長久時上虛空中見天
狗下如是天狗光明等事如前所說尒時天
衆既見如是希有事已而復更生疑慮之心
有天怖畏即尒前近牟脩樓陀夜摩天王依
心附近有向虛空直視觀者有先曾聞彼天
狗者離放逸行共彼天主牟脩樓陀誠心礼
佛復有怖畏入金窟者有依樹者此二種天
无勇无力有天走趣牟脩樓陀夜摩天王求
歸望救此如是見第一希有生疑慮心
尒時天主牟脩樓陀見如是已告天衆言汝
等天衆為知不知如此光明在虛空中臨欲
墮地汝等皆来其中有天先不知者則白天

BD00558 無量壽宗要經（甲本）

213.5cm × 31.5cm

无量壽經

是我聞一時薄伽梵在舍衛國祇樹給孤獨園與大苾芻僧千二百五十人大菩
摩訶薩衆俱同會坐尒時世尊告曼殊室利童子曼殊上方有世界名无
量功德聚彼土有佛号无量智决定王如来阿耨多羅三藐三菩提現爲衆生開
示說法曼殊師利諦聽南閻浮提人皆短壽大限百千於中夭枉横者衆曼殊如
是无量壽如是无量壽如来功德名稱法要若有衆生得聞名号若自書或使
人書能爲經卷受持讀誦若於舍宅所住之處以種種花鬘瓔珞塗香末香滿
而爲供養如其命盡復得延年滿足百歲如是曼殊若有衆生得聞是无量
壽智决定王如来一百八名号益其長壽若有衆生大命將盡憶念是如来名号
更得增壽如是曼殊若有善男子善女人欲求長壽於是无量壽如来一百八名号有
得聞者或自書若使人書受持讀誦得如是等果報福德具足陁羅尼曰
南謨薄伽勃底 一 阿波唎蜜哆 二 阿喻紇硯那 三 須毗你悉指陁 四 囉佐耶 五 怛他揭他耶 六
怛姪他唵 七 薩婆桑悉迦囉 八 波唎輸底 九 達磨底 十 伽迦那 十一 莎訶某特迦底 十二
薩婆婆毗輸底 十三 摩訶那耶 十四 波利婆隸莎訶 十五

令狐晏兒寫

薩婆婆毗輸底十三 摩訶娜耶十四 波唎婆囇莎訶十五

世尊復告曼殊室利如是如來一百八名号若有自書或使人書為是經卷受持讀誦如

壽命盡復滿百年壽終此身後得往生无量福智世界無量壽淨土陁羅尼曰

南謨薄伽勃底一 阿波唎蜜多二 阿喻紇硯那三 須毗你悉指陀四 囉佐耶五 怛他羯他耶六

怛姪他唵七 薩婆桑悉迦囉八 波唎輸底九 達磨底十 伽迦娜十一 莎訶其持迦底十二 薩婆婆毗輸底十三

薩婆婆毗輸底十三 摩訶娜耶十四 波唎婆囇莎訶十五

尒時有九十九殑佛等一時同聲說是无量壽宗要經陁羅尼曰

南謨薄伽勃底一 阿波唎蜜多二 阿喻紇硯那三 須毗你悉指陀四 囉佐耶五 怛他羯他耶六

怛姪他唵七 薩婆桑悉迦囉八 波唎輸底九 達磨底十 伽迦娜十一 莎訶其持迦底十二 薩婆婆毗輸底十三

摩訶娜耶十四 波唎婆囇莎訶十五

尒時復有一百四殑佛一時同聲說是无量壽宗要經陁羅尼曰

南謨薄伽勃底一 阿波唎蜜多二 阿喻紇硯那三 須毗你悉指陀四 囉佐耶五 怛他羯他耶六

怛姪他唵七 薩婆桑悉迦囉八 波唎輸底九 達磨底十 伽迦娜十一 莎訶其持迦底十二

薩婆婆毗輸底十三 摩訶娜耶十四 波唎婆囇莎訶十五

尒時復有七殑佛一時同聲說是无量壽宗要經陁羅尼曰

南謨薄伽勃底一 阿波唎蜜多二 阿喻紇硯那三 須毗你悉指陀四 囉佐耶五 怛他羯他耶六

怛姪他唵七 薩婆桑悉迦囉八 波唎輸底九 達磨底十 伽迦娜十一 莎訶其持迦底十二

怛姪他唵七 薩婆桑悉迦囉八 波唎輸底九 達磨底十 伽迦娜十一 莎訶其特迦底十二
薩婆婆毗輸底十三 摩訶娜耶十四 波唎婆嚟莎訶十五
尒時復有六十五殑佛一時同聲說是无量壽宗要經陁羅尼曰
南謨薄伽勃底一 阿波唎蜜多二 阿喻紇硯娜三 須毗你悉指陀四 囉佐耶五 怛他羯他耶六
怛姪他唵七 薩婆桑悉迦囉八 波唎輸底九 達磨底十 伽迦娜十一 莎訶其特迦底十二
薩婆婆毗輸底十三 摩訶娜耶十四 波唎婆嚟莎訶十五
尒時復有五十五殑佛一時同聲說是无量壽宗要經陁羅尼曰
南謨薄伽勃底一 阿波唎蜜多二 阿喻紇硯娜三 須毗你悉指陀四 囉佐耶五 怛他羯他耶六
薩婆桑悉迦囉八 波唎輸底九 達磨底十 伽迦娜十一 莎訶其特迦底十二 薩婆婆毗輸底十三
摩訶娜耶十四 波唎婆嚟莎訶十五
尒時復有四十五殑佛一時同聲說是无量壽宗要經陁羅尼曰
南謨薄伽勃底一 阿波唎蜜多二 阿喻紇硯娜三 須毗你悉指陀四 囉佐耶五 怛他羯他耶六
怛姪他唵七 薩婆桑悉迦囉八 波唎輸底九 達磨底十 伽迦娜十一 莎訶其特迦底十二
薩婆婆毗輸底十三 摩訶娜耶十四 波唎婆嚟莎訶十五
尒時復有三十六殑佛一時同聲說是无量壽宗要經陁羅尼曰
南謨薄伽勃底一 阿波唎蜜多二 阿喻紇硯娜三 須毗你悉指陀四 囉佐耶五 怛他羯他耶六

南謨薄伽勃底一 阿波唎蜜哆二 阿喻紇硯娜三 須毗你悉指陁四 囉佐耶五 怛他羯他耶六
怛姪他唵七 薩婆桑悉迦囉八 波唎輸底九 達磨底十 伽伽娜十一 莎訶某持迦底十二
薩婆婆毗輸底十三 摩訶娜耶十四 波唎婆嚟莎訶十五
尒時復有二十五俱胝佛一時同聲說是无量壽宗要經陁羅尼曰
南謨薄伽勃底一 阿波唎蜜哆二 阿喻紇硯娜三 須毗你悉指陁四 囉佐耶五 怛他羯他耶六
怛姪他唵七 薩婆桑悉迦囉八 波唎輸底九 達磨底十 伽伽娜十一 莎訶某持迦底十二
薩婆婆毗輸底十三 摩訶娜耶十四 婆唎婆嚟莎訶十五
尒時復有恒河沙俱胝佛一時同聲說是无量壽宗要經陁羅尼曰
南謨薄伽勃底一 阿波唎蜜哆二 阿喻紇硯娜三 須毗你悉指陁四 囉佐耶五 怛他羯他耶六
怛姪他唵七 薩婆桑悉迦囉八 波唎輸底九 達磨底十 伽伽娜十一 莎訶某持迦底十二
薩婆婆毗輸底十三 摩訶娜耶十四 波唎婆嚟莎訶十五
善男子若有自書寫教人書寫是无量壽宗要經如其人命盡復得長壽而滿年
陁羅尼曰 南謨薄伽勃底一 阿波唎蜜哆二 阿喻紇硯娜三 須毗你悉指陁四
怛姪他唵七 薩婆桑悉迦囉八 波唎輸底九 達磨底十 伽伽娜十一 莎訶某持迦底十二 薩婆婆毗輸底十三
摩訶娜耶十四 婆唎婆嚟莎訶十五
若有自書寫教人書寫是无量壽宗要經讀誦受持畢竟不墮地獄在在所
生得宿命智陁羅尼曰

生得宿命智陁羅尼曰
南謨薄伽勃底一 阿波唎蜜哆二 阿喻紇硯娜三 須毗你悉指陁四 囉佐耶五 怛他羯他耶六
怛姪他唵七 薩婆桒悉迦囉八 波唎輸底九 達磨底十 伽迦娜十一 莎訶其持迦底十二
薩婆婆毗輸底十三 摩訶娜耶十四 波唎婆囇莎訶十五
若有自書寫教人書寫是无量壽宗要經受持讀誦如同書寫八万四千一切經典陁羅尼曰
南謨薄伽勃底一 阿波唎蜜哆二 阿喻紇硯娜三 須毗你悉指陁四 囉佐耶五 怛他羯他耶六
怛他姪他唵七 薩婆桒悉迦囉八 波唎輸底九 達磨底十 伽迦娜十一 莎訶其持迦底十二
薩婆婆毗輸底十三 摩訶娜耶十四 波唎婆囇莎訶十五
若有自書寫教人書寫是无量壽宗要經即是書寫八万四千部建立塔廟陁羅尼曰
南謨薄伽勃底一 阿波唎蜜哆二 阿喻紇硯娜三 須毗你悉指陁四 囉佐耶五 怛他羯他耶六
怛姪他唵七 薩婆桒悉迦羅八 波唎輸底九 達磨底十 伽迦娜十一 莎訶其持迦底十二
薩婆婆毗輸底十三 摩訶娜耶十四 波唎婆囇莎訶十五
若有自書寫教人書寫是无量壽宗要經能消五无間等一切重罪陁羅尼曰
南謨薄伽勃底一 阿波唎蜜哆二 阿喻紇硯娜三 須毗你悉指陁四 囉佐耶五 怛他羯他耶六
怛姪他唵七 薩婆桒悉迦囉八 波唎輸底九 達磨底十 伽迦娜十一 莎訶其持迦底十二
薩婆婆毗輸底十三 摩訶娜耶十四 波唎婆囇莎訶十五
若有自書寫教人書寫是无量壽宗要經受持讀誦設有重罪猶如須弥盡能除滅

若有自書寫教人書寫是无量壽宗要經受持讀誦設有重罪猶如須彌盡能除滅
陁羅尼曰　南謨薄伽勃底一阿波唎蜜哆二阿喻紇硯娜三須毗你悉指陁四
囉佐耶五怛他羯耶六怛姪他唵七薩婆桑塞迦羅八波唎輸底九達摩底十伽迦娜十一莎訶其持迦底十二
薩婆婆毗輸底十三摩訶娜耶十四波唎婆嚩莎訶十五
若有自書寫教人書寫是无量壽宗要經受持讀誦若魔鬼子之眷屬夜叉羅剎不得
其便終无枉死陁羅尼曰
南謨薄伽勃底一阿波唎蜜哆二阿喻紇硯娜三須毗你悉指陁四囉佐耶五怛他羯他耶六
怛姪他唵七薩婆桑塞迦羅八波唎輸底九達摩底十伽迦娜十一莎訶其持迦底十二
薩婆婆毗輸底十三摩訶娜耶十四波唎婆嚩莎訶十五
若有自書寫教人書寫是无量壽宗要經受持讀誦當得命終時有九十九俱胝佛現
其人前來千佛授手能遊一切佛剎莫於此經生疑惑陁羅尼曰
南謨薄伽勃底一阿波唎蜜哆二阿喻紇硯娜三須毗你悉指陁四囉佐耶五怛他羯他耶六
怛姪他唵七薩婆桑塞迦羅八波唎輸底九達摩底十伽迦娜十一莎訶其持底十二
薩婆婆毗輸底十三摩訶娜耶十四波唎婆嚩莎訶十五
若有自書寫教人書寫是无量壽宗要經受持讀誦常得四天王隨其衛護陁羅尼曰
南謨薄伽勃底一阿波唎蜜哆二阿喻紇硯娜三須毗你悉指陁四囉佐耶五怛他羯他耶六
怛姪他唵七薩婆桑塞迦羅八波唎輸底九達摩底十伽迦娜十一莎訶其持迦底十二

怛姪他唵 七 薩婆桑悉迦囉 八 波唎輸底 九 達磨底 十 伽伽那 十一 莎訶某特迦底 十二
薩婆婆毗輸底 十三 摩訶娜耶 十四 波唎婆嚟莎訶 十五
若有自書寫教人書寫是無量壽宗要經受持讀誦當得往生西方極樂世界
阿弥陀淨土陀羅尼曰
南謨薄伽勃底 一 阿波唎蜜多 二 阿喻紇硯那 三 須毗你悉指陀 四 囉佐耶 五 怛他羯他耶 六
怛姪他唵 七 薩婆桑悉迦囉 八 波唎輸底 九 達磨底 十 伽伽那 十一 莎訶某特迦底 十二
薩婆婆毗輸底 十三 摩訶娜耶 十四 波唎婆嚟莎訶 十五
若有方所自書寫使人書寫是無量壽經典之處特為是塔皆應恭敬作礼若
是畜生或為鳥獸得聞是經如是等類皆當不久得成一切種智陀羅尼曰
南謨薄伽勃底 一 阿波唎蜜多 二 阿喻紇硯那 三 須毗你悉指陀 四 囉佐耶 五 怛他羯他耶 六
怛姪他唵 七 薩婆桑悉迦囉 八 波唎輸底 九 達磨底 十 伽伽那 十一 莎訶某特迦底 十二
薩婆婆毗輸底 十三 摩訶娜耶 十四 波唎婆嚟莎訶 十五
若有於是無量壽經自書寫若使人書寫畢竟不受女人之身陀羅尼曰
南謨薄伽勃底 一 阿波唎蜜多 二 阿喻紇硯那 三 須毗你悉指陀 四 囉佐耶 五 怛他羯他耶 六
怛姪他唵 七 薩婆桑悉迦囉 八 波唎輸底 九 達磨底 十 伽伽那 十一 莎訶某特迦底 十二
薩婆婆毗輸底 十三 摩訶娜耶 十四 波唎婆嚟莎訶 十五
若有能於是經少分能惠施者等於三千大千世界滿中七寶布施陀羅尼曰

若有能於是經少分能惠施者，等於三千大千世界滿中七寶布施。陁羅尼曰

南謨薄伽勃底一 阿波唎蜜哆二 阿喩紇硯娜三 須毗你悉指陁四 囉佐耶五 怛他羯他耶六

怛姪他唵七 薩婆桑悉迦囉八 波唎輸底九 達磨底十 伽迦娜十一 莎訶娑斯迦底十二

薩婆婆娑毗輸底十三 摩訶娜耶十四 波唎婆囉莎訶十五

若有能供養是經者，則是供養一切諸經等無有異。陁羅尼曰

南謨薄伽勃底一 阿波唎蜜哆二 阿喩紇硯娜三 須毗你悉指陁四 囉佐耶五 怛他羯他耶六

怛姪他唵七 薩婆桑悉迦囉八 波唎輸底九 達磨底十 伽迦娜十一 莎訶娑斯迦底十二

薩婆婆娑毗輸底十三 摩訶娜耶十四 波唎婆囉莎訶十五

如是毗婆尸佛、式棄佛、毗舍浮佛、俱留孫佛、俱那含牟尼佛、迦葉佛、釋迦牟尼佛，若有人以七寶供養如是七佛，其福有限；書寫受持是無量壽經典，所有功德不可限量。陁羅尼曰

南謨薄伽勃底一 阿波唎蜜哆二 阿喩紇硯娜三 須毗你悉指陁四 囉佐耶五 怛他羯他耶六

怛姪他唵七 薩婆桑悉迦羅八 波唎輸底九 達磨底十 伽迦娜十一 莎訶娑斯迦底十二 薩婆婆娑毗輸底十三

摩訶娜耶十四 波唎婆囉莎訶十五

若有七寶等於須弥山，用布施，其福上能知其限量；是無量壽經典，其福不可知數。陁羅尼曰

南謨薄伽勃底一 阿波唎蜜哆二 阿喩紇硯娜三 須毗你悉指陁四 囉佐耶五 怛他羯他耶六

怛姪他唵七 薩婆桑悉迦羅八 波唎輸底九 達磨底十 伽迦娜十一 莎訶娑斯迦底十二

怛姪他唵七 薩婆桒悉迦羅八 波唎輸底九 達磨底十 伽伽那十一 莎訶其特迦底十二
薩婆婆毗輸底十三 摩訶娜耶十四 波唎婆囇莎訶十五
如是四大海水可知滴數，是无量壽經典所生果報不可數量。陁羅尼曰：
南謨薄伽勃底一 阿波唎蜜多二 阿喻紇硯那三 須毗你悉指陁四 囉佐耶五 怛他羯他耶六
怛姪他唵七 薩婆桒悉迦羅八 波唎輸底九 達磨底十 伽伽那十一 莎訶其特迦底十二
薩婆婆毗輸底十三 摩訶娜耶十四 波唎婆囇莎訶十五
若有自書使人書寫是无量壽經典，又能護持供養，即如恭養一切十方佛土如來，无有
別異。陁羅尼曰：
南謨薄伽勃底一 阿波唎蜜多二 阿喻紇硯那三 須毗你悉指陁四 囉佐耶五 怛他羯他耶六
怛姪他唵七 薩婆桒悉迦羅八 波唎輸底九 達磨底十 伽伽那十一 莎訶其特迦底十二
薩婆婆毗輸底十三 摩訶娜耶十四 波唎婆囇莎訶十五

布施力能成正覺　悟布施力人師子　布施力能聲普聞　慈悲階漸最能入
持戒力能成正覺　悟持戒力人師子　持戒力能聲普聞　慈悲階漸最能入
忍辱力能成正覺　悟忍辱力人師子　忍辱力能聲普聞　慈悲階漸最能入
精進力能成正覺　悟精進力人師子　精進力能聲普聞　慈悲階漸最能入
禪定力能成正覺　悟禪定力人師子　禪定力能聲普聞　慈悲階漸最能入
智慧力能成正覺　悟智慧力人師子　智慧力能聲普聞　慈悲階漸最能入

智慧力能成正覺　悟智慧力人師子　智慧力能聲普聞　慈悲階漸最能入

尒時如來說是經已一切世間天人阿脩羅揵婆等聞佛所說皆大歡

喜信受奉行

佛說无量壽宗要經

BD00559 妙法蓮華經卷二

（後秦）鳩摩羅什 譯

102.3cm × 27.6cm

告喻諸子　說衆患難　惡鬼毒蟲　災火蔓莚
衆苦次第　相續不絕　毒虵蚖蝮　及諸夜叉
鳩槃荼鬼　野干狐狗　鵰鷲鵄梟　百足之屬
飢渴熱急　甚可怖畏　此苦難處　況復大火
諸子无知　雖聞父誨　猶故樂著　嬉戲不已
是時長者　而作是念　諸子如此　益我愁惱
今此舍宅　无一可樂　而諸子等　耽湎嬉戲
不受我教　將為火害　即便思惟　設諸方便
告諸子等　我有種種　珍玩之具　妙寶好車
羊車鹿車　大牛之車　今在門外　汝等出來
吾為汝等　造作此車　隨意所樂　可以遊戲
諸子聞說　如此諸車　即時奔競　馳走而出
到扵空地　離諸苦難　長者見子　得出火宅

住於四衢　坐師子座　而自慶言　我今快樂

此諸子等　生育甚難　愚小無知　而入險宅

多諸毒虫　魑魅可畏　大火猛炎　四面俱起

而此諸子　貪樂嬉戲　我已救之　令得脫難

是故諸人　我今快樂

爾時諸子　知父安坐　皆詣父所　而白父言

願賜我等　三種寶車　如前所許　諸子出來

當以三車　隨汝所欲　今正是時　唯垂給與

長者大富　庫藏衆多　金銀琉璃　車磲馬瑙

以衆寶物　造諸大車　莊校嚴飾　周帀欄楯

四面懸鈴　金繩絞絡　真珠羅網　張施其上

金華諸瓔　處處垂下　衆綵雜飾　周帀圍遶

柔軟繒纊　以為茵蓐　上妙細疊　價直千億

鮮白淨潔　以覆其上　有大白牛　肥壯多力

形體姝好　以駕寶車　多諸儐從　而侍衛之

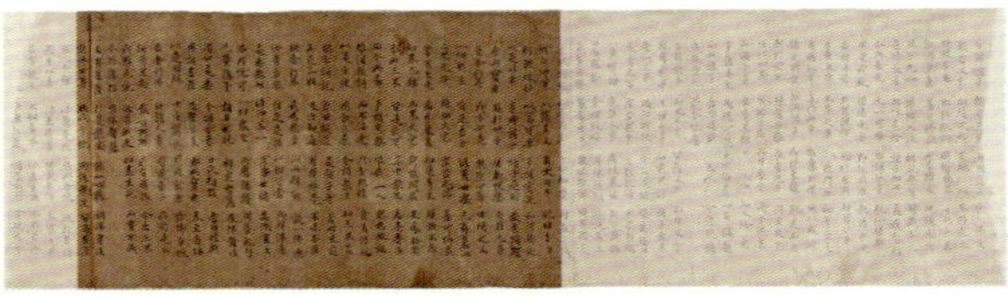

鮮白淨潔　以覆其上　有大白牛　肥壯多力
形體姝好　以駕寶車　多諸儐從　而侍衛之
以是妙車　等賜諸子　諸子是時　歡喜踊躍
乘此寶車　遊於四方　嬉戲快樂　自在元㝵
告舍利弗　我亦如是　衆聖中尊　世間之父
一切衆生　皆是吾子　深著世樂　元有慧心
三界元安　猶如火宅　衆苦充滿　甚可怖畏
常有生老　病死憂患　如是等火　熾然不息
如來已離　三界火宅　寂然閑居　安處林野
今此三界　皆是我有　其中衆生　悉是吾子
而今此處　多諸患難　唯我一人　能爲救護
雖復教詔　而不信受　於諸欲染　貪著深故
以是方便　爲說三乘　令諸衆生　知三界苦
開示演暢　出世間道　是諸子等　若心決定

具足三明　及六神通　有得緣覺　不退菩薩
汝舍利弗　我為眾生　以此譬喻　說一佛乘
汝等若能　信受是語　一切皆當　成得佛道
是乘微妙　清淨第一　於諸世間　為无有上
佛所悅可　一切眾生　所應稱讚　供養礼拜
无量億千　諸力解脫　禪定智慧　及佛餘法
得如是乘　令諸子等　日夜劫數　常得遊戲
與諸菩薩　及聲聞眾　乘此寶乘　直至道場
以是因緣　十方諦求　更无餘乘　除佛方便
告舍利弗　汝諸人等　皆是吾子　我則是父
汝等累劫　眾苦所燒　我皆濟拔　令出三界
我雖先說　汝等滅度　但盡生死　而實不滅
今所應作　唯佛智慧
若有菩薩　於是眾中　能一心聽　諸佛實法
諸佛世尊　雖以方便　所化眾生　皆是菩薩

諸佛世尊　雖以方便　所化衆生　皆是菩薩
若人小智　深著愛欲　為此等故　說於苦諦
衆生心喜　得未曾有　佛說苦諦　真實无異
若有衆生　不知苦本　深著苦因　不能暫捨
方便說道　諸苦所因　貪欲為本

BD00560　佛名經（二十卷本）卷二〇

180cm × 25cm

南无寶現菩薩　南无寶造菩薩
南无樂法菩薩　南无淨王菩薩
南无須相菩薩　南无金光菩薩
南无寶語菩薩　南无千光菩薩
南无原喻菩薩　南无照昧菩薩
南无月辯菩薩　南无月光菩薩
南无法輪菩薩　南无淨菩薩
南无常施菩薩　南无普德菩薩
南无普明菩薩　南无勝幢菩薩
南无濡音菩薩　南无德炎菩薩
南无相光菩薩　南无海月菩薩
南无海藏菩薩　南无勝月菩薩
南无淨慧菩薩　南无造光菩薩

南无月德菩薩　南无日光菩薩
南无金剛菩薩　南无炎幢菩薩
南无尊德菩薩　南无海明菩薩
南无海廣菩薩　南无照境菩薩
南无慧明菩薩　南无功德菩薩
南无明達菩薩　南无盛教菩薩
南无須那菩薩　南无色力菩薩　一万三千二百
南无調伏菩薩　南无隱身菩薩
南无華衆菩薩
南无一菩薩南无十菩薩南无百菩薩南
无千菩薩南无万菩薩南无一百万二百万三
百万四百万五百万六百万七百万八百万
九百万千千万諸大菩薩摩訶薩能除无

BD00560　佛名經（二十卷本）卷二〇

九百万千千万諸大菩薩摩訶薩能除无
量劫以來生死重罪
南无一億十億百億千億万億南无万万
億諸大菩薩摩訶薩能除无量劫以來生死重
罪南无一那由他十那由他百那由他千那由他
万那由他南无万万那由他諸大菩薩摩
訶薩能除无量劫以來生死重罪
南无一恒河沙南无二恒河沙南无三恒河沙
南无四恒河沙南无五恒河沙南无六恒河沙
南无七恒河沙南无八恒河沙南无九恒河沙
南无十恒河沙南无百恒河沙南无百億无量恒
河沙諸大菩薩摩訶薩能除无量劫以來生死重罪
若人聞是大士諸大菩薩摩訶薩名者是人四

十千劫中不墮地獄苦不屬三界獄常屬解
脫王不生邊地不生惡國不受惡身不生邪
見不生下姓不生外道身根具足常聞正
法不受棄戒常得具足大乘威儀常見佛性
是故今敬礼安住佛法中來世得成佛
說是諸大菩薩名時八十八億清信男女悟
阿那含果九十四億諸天得斯陁含果七十
八億失心比丘還得本心悟阿羅漢果十億
菩薩得大陁羅尼來世成佛道
南无聲聞緣覺一切辟支佛
南无百辟支佛　南无心得解脫辟支佛
南无憂波百辟支佛　南无吉辟支佛
南无遮羅辟支佛　南无聲聞緣覺一切聖賢

南无遮羅辟支佛　南无聲聞緣覺一切賢聖
南无過現未來三世諸佛歸命懺悔
弟子等已懺悔餓鬼畜生人天等報竟次當
懺悔五逆四重謗方等罪弟子等從曠劫
以來於其中間或作五逆等罪造一闡提行未
曾改悔自知定犯四重等罪十三僧殘二不定
法三十捨墮九十一墮四懺悔法衆多學法
七滅諍等或謗毀三寶如是等罪自作教他
見作隨喜是故誠心發露懺悔今於釋迦遺
法之中安施道場懸繒幡蓋坐尊形像燒衆
名香不睡不眠五體投地涕泣交流各自條其
罪名自列過咎不敢覆藏是故弟子今日
无量怖畏无量慚愧歸依十方諸佛

南无東方須弥燈王佛　南无東南方一切覺華佛
南无南方大功德佛　南无西南方无量辯才佛
南无西方无量力佛　南无西北方蓮華生王佛
南无北方覺華生德佛　南无東北方滅一切憂佛
南无上方電燈王幢佛　南无下方至光明王佛
如是十方盡虛空界一切三寶
弟子等從曠劫以來至于今日身犯五逆重
罪常隨生死流入苦海為諸煩惱勢力所侵
於魔境界不能自解而此愛賊為害滋多猛
火燒心飄風吹起壯色不停猶如奔馬不知
恭敬佛法聖僧菩薩緣覺父母師長憍慢所
覆樂習煩惱或破塔壞寺出佛身血或煞真
人羅漢三向四果或煞沙門婆羅門出家五

人羅漢三向四果或煞沙門婆羅門出家五
衆或煞五戒八齋菩薩律儀或煞菩提正念
衆生或煞五通神仙閑居隱士或煞脩禪學
道一切賢聖或煞比丘比丘尼或煞優婆塞優
婆夷或煞父害母煞兄害弟爲人之臣煞
害其君爲人妻妾煞害其夫爲人奴婢煞害
本主爲人子孫煞害祢祖或煞十方世界眷
屬如此等五逆重罪是故今日皆悉懺悔
弟子等從无始世界以來及今惡身狂惑心
乱无量倒見煩惱惡業不可具陳所作衆罪
不自覺知惡心熾盛不覺後世但見現在樂
習煩惱遠離善根惡業鄣隔近惡知識於比丘
邊作非法比丘尼邊作非法父母邊作非法

或復自在用僧鬘物於五音

或說世間无量惡果或煞害菩提善根衆生或

謗法師法說非法非法說法謂如來无常正

法无常僧寶无常不樂慧施信受邪法弟

子今日无量怖畏无量慚愧歸依三寶是故

誠心發露懺悔

弟子等或從无始世界以來至于今日或四倒

見四重之法說偷蘭遮偷蘭遮法說為四重

犯說非犯非犯說

BD00561 妙法蓮華經卷三

（後秦）鳩摩羅什 譯

458.3cm×25.6cm

又諸佛子　專心佛道　常行慈悲　自知作佛
決定无疑　是名小樹　安住神通　轉不退輪
度无量億　百千衆生　如是菩薩　名為大樹
佛平等說　如一味雨　隨衆生性　所受不同
如彼草木　所禀各異　佛以此喻　方便開示
種種言辭　演說一法　於佛智慧　如海一渧
我雨法雨　充滿世間　一味之法　隨力脩行
如彼叢林　藥草諸樹　隨其大小　漸增茂好
諸佛之法　常以一味　令諸世間　普得具足
漸次脩行　皆得道果　聲聞緣覺　處於山林
住最後身　聞法得果　是名藥草　各得增長
若諸菩薩　智慧堅固　了達三界　求最上乘
是名小樹　而得增長　復有住禪　得神通力

聞諸法空　心大歡喜　放无數光　度諸衆生
是名大樹　而得增長　如是迦葉　佛所說法
譬如大雲　以一味雨　潤於人華　各得成實
迦葉當知　以諸因緣　種種譬喻　開示佛道
是我方便　諸佛亦然　今為汝等　說最實事
諸聲聞衆　皆非滅度　汝等所行　是菩薩道
漸漸脩學　悉當成佛

妙法蓮華經授記品第六

尒時世尊說是偈已告諸大衆唱如是言我
此弟子摩訶迦葉於未來世當得奉覲三百
萬億諸佛世尊供養恭敬尊重讚歎廣宣諸
佛无量大法於最後身得成為佛名曰光明
如來應供正遍知明行足善逝世間解无上
士調御丈夫天人師佛世尊國名光德劫名

BD00561　妙法蓮華經卷三

如來應供正遍知明行足善逝世間解无上
士調御丈夫天人師佛世尊國名光德劫名
大莊嚴佛壽十二小劫正法住世二十小劫
像法亦住二十小劫國界嚴飾无諸穢惡凡
礫荊棘便利不淨其土平正无有高下坑坎
堆阜瑠璃為地寶樹行列黃金為繩以界道
側散諸寶華周遍清淨其國菩薩无量千億
諸聲聞衆亦復无數无有魔事雖有魔及魔
民皆護佛法尒時世尊欲重宣此義而說偈
言
告諸比丘　我以佛眼　見是迦葉　於未來世
過无數劫　當得作佛　而於來世　供養奉覲
三百萬億　諸佛世尊　為佛智慧　淨脩梵行
供養最上　二足尊已　脩習一切　无上之慧

於最後身 得成爲佛 其土清淨 琉璃爲地
多諸寶樹 行列道側 金繩界道 見者歡喜
常出好香 散衆名華 種種奇妙 以爲莊嚴
其地平正 无有丘坑 諸菩薩衆 不可稱計
其心調柔 逮大神通 奉持諸佛 大乘經典
諸聲聞衆 无漏後身 法王之子 亦不可計
乃以天眼 不能數知 其佛當壽 十二小劫
正法住世 二十小劫 像法亦住 二十小劫
光明世尊 其事如是
尒時大目揵連須菩提摩訶迦旃延等皆悉
悚慄一心合掌瞻仰尊顏目不暫捨即共同
聲而說偈言
大雄猛世尊 諸釋之法王 哀愍我等故 而賜佛音聲
若知我深心 見爲授記者 如以甘露灑 除熱得清涼

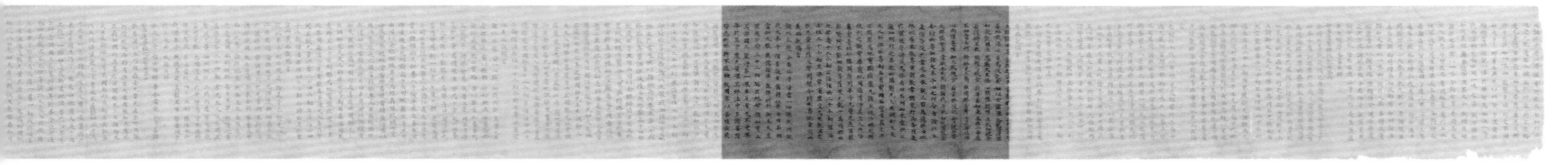

大雄猛世尊　諸釋之法王　哀愍我等故　而賜佛音聲
若知我深心　見為授記者　如以甘露灑　除熱得清涼
如從飢國來　忽遇大王饍　心猶懷疑懼　未敢即便食
若復得王教　然後乃敢食　我等亦如是　每惟小乘過
不知當云何　得佛无上慧　雖聞佛音聲　言我等作佛
心尚懷憂懼　如未敢便食　若蒙佛授記　尒乃快安樂
大雄猛世尊　常欲安世間　願賜我等記　如飢須教食
尒時世尊知諸大弟子心之所念告諸比丘
是須菩提於當來世奉覲三百萬億那由他
佛供養恭敬尊重讚歎常脩梵行具菩薩道
於最後身得成為佛号曰名相如來應供正
遍知明行足善逝世間解无上士調御丈夫
天人師佛世尊劫名有寶國名寶生其土平
正頗梨為地寶樹莊嚴无諸丘坑沙礫荊棘

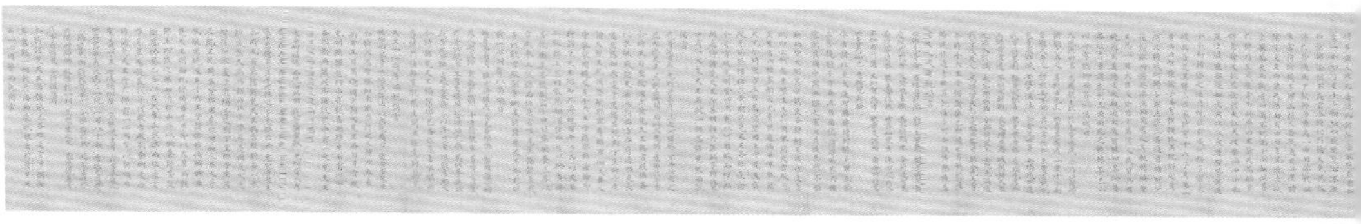

便利之穢寶華覆地周遍清淨其土人民皆
處寶臺珎妙樓閣聲聞弟子无量无邊筭數
譬喻所不能知諸菩薩衆无數千萬億那由
他佛壽十二小劫正法住世二十小劫像法
亦住二十小劫其佛常處虛空為衆說法度
脫无量菩薩及聲聞衆尒時世尊欲重宣此
義而說偈言

諸比丘衆　今告汝等　皆當一心　聽我所說
我大弟子　須菩提者　當得作佛　号曰名相
當供无數　萬億諸佛　隨佛所行　漸具大道
最後身得　三十二相　端正姝妙　猶如寶山
其佛國土　嚴淨第一　衆生見者　无不愛樂
佛於其中　度无量衆　其佛法中　多諸菩薩
皆悉利根　轉不退輪　彼國常以　菩薩莊嚴

皆悉利根　轉不退輪　彼國常以　菩薩莊嚴
諸聲聞衆　不可稱數　皆得三明　具六神通
住八解脫　有大威德　其佛說法　現於无量
神通變化　不可思議　諸天人民　數如恒沙
皆共合掌　聽受佛語　其佛當壽　十二小劫
正法住世　二十小劫　像法亦住　二十小劫
尒時世尊復告諸比丘衆我今語汝是大迦
旃延於當來世以諸供具供養奉事八千億
佛恭敬尊重諸佛滅後各起塔廟高千由旬
縱廣正等五百由旬以金銀瑠璃車𤦲馬瑙
真珠玫瑰七寶合成衆華瓔珞塗香末香
燒香繒蓋幢幡供養廟過是已後當復供
養二萬億佛亦復如是供養是諸佛已具菩

薩道當得作佛号曰閻浮那提金光如來應供
正遍知明行足善逝世間解无上士調御丈
夫天人師佛世尊其土平正頗梨為地寶樹
莊嚴黃金為繩以界道側妙華覆地周遍清
淨見者歡喜无四惡道地獄餓鬼畜生阿脩
羅道多有天人諸聲聞衆及諸菩薩无量萬
億莊嚴其國佛壽十二小劫正法住世二十
小劫像法亦住二十小劫尒時世尊欲重宣
此義而說偈言

諸比丘衆 皆一心聽 如我所說 真實无異
是迦旃延 當以種種 妙好供具 供養諸佛
諸佛滅後 起七寶塔 亦以華香 供養舍利
其最後身 得佛智慧 成等正覺 國土清淨
度脫无量 萬億衆生 皆為十方 之所供養

度脫无量萬億衆生皆為十方之所供養
佛之光明无能勝者其佛号曰閻浮金光
菩薩聲聞斷一切有无量无數莊嚴其國
尒時世尊復告大衆我今語汝是大目揵連
當以種種供具供養八千諸佛恭敬尊重諸
佛滅後各起塔廟高千由旬縱廣正等五百
由旬以金銀瑠璃車𤦲馬瑙真珠玫瑰七寶
合成衆華瓔珞塗香粖香燒香繒蓋幢幡以
用供養過是已後當復供養二百萬億諸佛
亦復如是當得成佛号曰多摩羅跋旃檀香
如来應供正遍知明行足善逝世間解无上
士調御丈夫天人師佛世尊劫名喜滿國名
意樂其土平正頗梨為地寶樹莊嚴散真
珠華周遍清淨見者歡喜多諸天人菩薩聲

聞其數无量佛壽二十四小劫正法住世四
十小劫像法亦住四十小劫尒時世尊欲重
宣此義而說偈言
我此弟子　大目揵連　捨是身已　得見八千
二百萬億　諸佛世尊　為佛道故　供養恭敬
於諸佛所　常脩梵行　於无量劫　奉持佛法
諸佛滅後　起七寶塔　長表金剎　華香伎樂
而以供養　諸佛塔廟　漸漸具足　菩薩道已
於意樂國　而得作佛　号多摩羅　旃檀之香
其佛壽命　二十四劫　常為天人　演說佛道
聲聞无量　如恒河沙　三明六通　有大威德
菩薩无數　志固精進　於佛智慧　皆不退轉
佛滅度後　正法當住　四十小劫　像法亦尒
我諸弟子　威德具足　其數五百　皆當授記

BD00561　妙法蓮華經卷三

我諸弟子威德具足其數五百皆當授記
於未來世咸德成佛
我及汝等宿世因緣吾今當說汝等善聽

妙法蓮華經化城喻品第七

佛告諸比丘乃往過去无量无邊不可思議
阿僧祇劫尒時有佛名大通智勝如來應供
正遍知明行足善逝世間解无上士調御丈
夫天人師佛世尊其國名好成劫名大相諸
比丘彼佛滅度已來甚大久遠譬如三千大
千世界所有地種假使有人磨以為墨過於
東方千國土乃下一點大如微塵又過千國
土復下一點如是展轉盡地種墨於汝等意
云何是諸國土若筭師若筭師弟子能得邊
際知其數不不也世尊諸比丘是人所經國

土若點不點盡末為塵一塵一劫彼佛滅度
已來復過是數无量无邊百千萬億阿僧祇
劫我以如來知見力故觀彼久遠猶若今日
尒時世尊欲重宣此義而說偈言
我念過去世　无量无邊劫　有佛兩足尊　名大通智勝
如人以力磨　三千大千土　盡此諸地種　皆悉以為墨
過於千國土　乃下一塵點　如是展轉點　盡此諸塵墨
如是諸國土　點與不點等　復盡抹為塵　一塵為一劫
此諸微塵數　其劫復過是　彼佛滅度來　如是无量劫
如來无礙智　知彼佛滅度　及聲聞菩薩　如見今滅度
諸比丘當知　佛智淨微妙　无漏无所礙　通達无量劫
佛告諸比丘大通智勝佛壽五百四十萬億
那由他劫其佛本坐道場破魔軍已垂得阿
耨多羅三藐三菩提而諸佛法不現在前如

BD00561　妙法蓮華經卷三

耶[illegible]
耨多羅三藐三菩提而諸佛法不現在前如
是一小劫乃至十小劫結跏趺坐身心不動
而諸佛法猶不在前尒時忉利諸天先為彼
佛於菩提樹下敷師子座高一由旬佛於此
坐當得阿耨多羅三藐三菩提適坐此座時
諸梵天王雨衆天華面百由旬香風時來吹
去萎華更雨新者如是不絕滿十小劫供養
於佛乃至滅度常雨此華四王諸天為供養
佛常擊天鼓其餘諸天作天伎樂滿十小劫
至于滅度亦復如是諸比丘大通智勝佛過
十小劫諸佛之法乃現在前成阿耨多羅三
藐三菩提其佛未出家時有十六子其第一
者名曰智積諸子各有種種珍異玩好之具

聞父得成阿耨多羅三藐三菩提皆捨所珎
往詣佛所諸母涕泣而隨送之其祖轉輪聖
王與一百大臣及餘百千萬億人民皆共圍
繞隨至道場咸欲親近大通智勝如來供養
恭敬尊重讚歎到已頭面礼足繞佛畢已一
心合掌瞻仰世尊以偈頌曰
大威德世尊　為度衆生故　於无量億歲　尒乃得成佛
諸願已具足　善哉吉无上　世尊甚希有　一坐十小劫
身體及手足　靜然安不動　其心常惔怕　未曾有散亂
究竟永寂滅　安住无漏法　今者見世尊　安隱成佛道
我等得善利　稱慶大歡喜　衆生常苦惱　盲瞑无導師
不識苦盡道　不知求解脫　長夜增惡趣　減損諸天衆
從瞑入於瞑　永不聞佛名　今佛得最上　安隱无漏道
我等及天人　為得最大利　是故咸稽首　歸命无上尊

從瞑入於瞑　永不聞佛名　今佛得最上　安隱无漏道
我等及天人　為得最大利　是故咸稽首　歸命无上尊
尒時十六王子偈讚佛已勸請世尊轉於法
輪咸作是言世尊說法多所安隱憐愍饒益
諸天人民重說偈言
世雄无等倫　百福自莊嚴　得无上智慧　願為世間說
度脫於我等　及諸衆生類　為分別顯示　令得是智慧
若我等得佛　衆生亦復然　世尊知衆生　深心之所念
亦知所行道　又知智慧力　欲樂及脩福　宿命所行業
世尊悉知已　當轉无上輪
佛告諸比丘大通智勝佛得阿耨多羅三藐
三菩提時十方各五百萬億諸佛世界六種
震動其國中間幽瞑之處日月威光所不能
照而皆大明其中衆生各得相見咸作是言

此中云何忽生衆生又其國界諸天宮殿乃
至梵宮六種震動大光普照遍滿世界勝諸
天光尒時東方五百萬億諸國土中梵天宮
殿光明照曜倍於常明諸梵天王各作是念
今者宮殿光明昔所未有以何因緣而現此
相是時諸梵天王即各相詣共議此事時彼衆
中有一大梵天王名救一切為諸梵衆而說
偈言
我等諸宮殿　光明昔未有　此是何因緣　宜各共求之
為大德天生　為佛出世間　而此大光明　遍照於十方
尒時五百萬億國土諸梵天王與宮殿俱各
以衣裓盛諸天華共詣西方推尋是相見大
通智勝如來處于道場菩提樹下坐師子座
諸天龍王乾闥婆緊那羅摩睺羅伽人非人

通智勝如來處于道場菩提樹下坐師子座
諸天龍王乾闥婆緊那羅摩睺羅伽人非人
等恭敬圍繞及見十六王子請佛轉法輪即
時諸梵天王頭面礼佛繞百千帀即以天華
而散佛上其所散華如須弥山并以供養佛
菩提樹其菩提樹高十由旬華供養已各以
宮殿奉上彼佛而作是言唯見哀愍饒益我
等所獻宮殿願垂納處時諸梵天王即於佛
前一心同聲以偈頌曰
世尊甚希有　難可得值遇　具无量功德　能救護一切
天人之大師　哀愍於世間　十方諸衆生　普皆蒙饒益
我等所從來　五百萬億國　捨深禪定樂　為供養佛故
我等先世福　宮殿甚嚴飾　今以奉世尊　唯願哀納受
尒時諸梵天王偈讚佛已各作是言唯願世

尊轉於法輪度脫衆生開涅槃道時諸梵
天王一心同聲而說偈言
世雄兩足尊　唯願演說法　以大慈悲力　度苦惱衆生
尒時大通智勝如來默然許之又諸比丘東
南方五百萬億國土諸大梵王各自見宮殿
光明照曜昔所未有歡喜踊躍生希有心即
各相詣共議此事時彼衆中有一大梵天王
名曰大悲為諸梵衆而說偈言
是事何因緣　而現如此相　我等諸宮殿　光明昔未有
為大德天生　為佛出世間　未曾見此相　當共一心求
過千萬億土　尋光共推之　多是佛出世　度脫苦衆生
尒時五百萬億諸梵天王與宮殿俱各以衣
裓盛諸天華共詣西北方推尋是相見大通

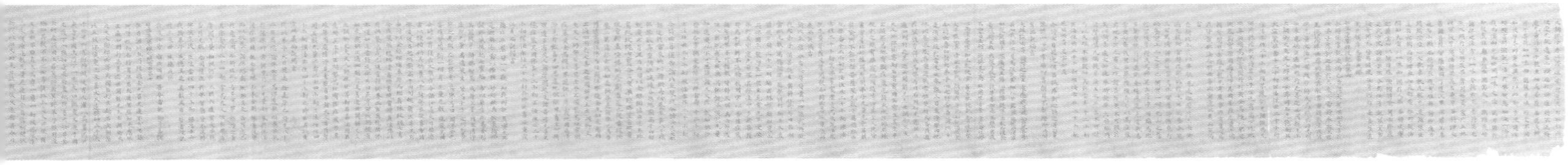

㭊盛諸天華共詣西北方推尋是相見大通
智勝如來處于道場菩提樹下坐師子座諸
天龍王乹闥婆緊那羅摩睺羅伽人非人等
恭敬圍繞及見十六王子請佛轉法輪時諸
梵天王頭面礼佛繞百千帀即以天華而散
佛上所散之華如須弥山并以供養佛菩提
樹華供養已各以宮殿奉上彼佛而作是言
唯見哀愍饒益我等所獻宮殿願垂納受尒
時諸梵天王即於佛前一心同聲以偈頌曰
聖主天中王　迦陵頻伽聲　哀愍衆生者　我等今敬礼
世尊甚希有　久遠乃一現　一百八十劫　空過无有佛
三惡道充滿　諸天衆減少　今佛出於世　為衆生作眼
世間所歸趣　救護於一切　為衆生之父　哀愍饒益者
我等宿福慶　今得值世尊

尒時諸梵天王偈讚佛已各作是言唯願世
尊哀愍一切轉於法輪度脫衆生時諸梵天
王一心同聲而說偈言

BD00562 妙法蓮華經（八卷本）卷八

（後秦）鳩摩羅什 譯

403.5cm × 26cm

犯此法師者　當獲如是殃
諸羅刹女說此偈已白佛言世尊我等亦當
身自擁護受持讀誦脩行是經者令得安隱
離諸衰患消衆毒藥佛告諸羅刹女善哉善
哉汝等但能擁護受持法華名者福不可
量何況擁護具足受持供養經卷華香瓔
珞末香塗香燒香幡蓋伎樂然種種燈蘇燈
油燈諸香油燈蘇摩那華油燈瞻蔔華油燈婆
師迦華油燈優鉢羅華油燈如是等百千種
供養者皐帝汝等及眷屬應當擁護如是法
師說是陁羅尼品時六万八千人得无生法忍
妙法蓮華經妙莊嚴王本事品第廿七
尒時佛告諸大衆乃往古世過无量无邊不

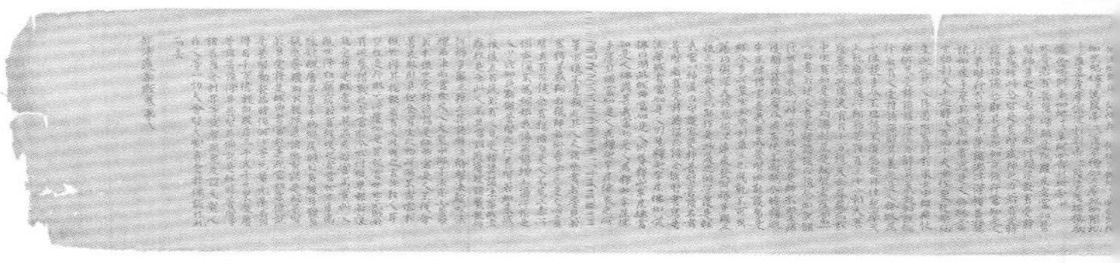

可思議阿僧祇劫有佛名雲雷音宿王華智
多陁阿伽度阿羅呵三狼三佛陁國名光明
莊嚴劫名憙見彼佛法中有王名妙莊嚴其
王夫人名曰淨德有二子一名淨藏二名淨
眼是二子有大神力福德智慧久脩菩薩所
行之道所謂檀波羅蜜尸羅波羅蜜羼提
婆羅蜜毗梨耶波羅蜜禪波羅蜜般若波
羅蜜方便波羅蜜慈悲憙捨乃至三十七助道
法皆悉明了通達又得菩薩淨三昧日星宿
三昧淨光三昧淨色三昧淨照明三昧長莊嚴
三昧大威德藏三昧於此三昧亦悉通達尒
時彼佛欲引導妙莊嚴王及愍念衆生故說
是法華經時淨藏淨眼二子到其母所合十指
指爪掌白言願母往詣雲雷音宿王華智佛所

是法華經時淨藏淨眼二子到其母所合十指
指爪掌白言願母往詣雲雷音宿王華智佛所
我等亦當侍從親近供養礼拜所以者何此佛
於一切天人衆中說法華經宜應聽受告子
言汝父信受外道深著婆羅門法汝等應
往白父與共俱去淨藏淨眼合十指爪掌白母
我等是法王子而生此邪見家母告子言汝
等當憂念汝父爲現神變若得見者心必清
淨或聽我等往至佛所於是二子念其父故
踊在虛空高七多羅樹現種種神變於虛空
中行住坐臥身上出水身下出火身下出水身
上出火或現大身滿虛空中而復現小小復現
大於空中滅忽然在地入地如水履水如地現
如是等種種神變令其父王心淨信解時父

見子神力如是心大歡喜得未曾有合掌
向子言汝等師爲是誰誰之弟子二子白言
大王彼雲雷音宿王華智佛今在七寶菩提
樹下法座上坐於一切世間天人衆中廣説法
華經是我等師我是弟子父語子言我今亦
欲見汝等師可共俱往於是二子從空中下
到其母所合掌白母父王今已信解堪任發阿
阿耨多羅三藐三菩提心我等爲父已作佛
事願母見聽於彼佛所出家脩道尒時二子
欲重宣其意以偈白母
願母放我等　出家作沙門　諸佛甚難值　我等隨佛學
如優曇鉢羅　值佛復難是　脱諸難亦難　願聽我出家
母即告言聽汝出家所以者何佛難值故於
是二子白父母言善哉父母願時往詣雲雷音

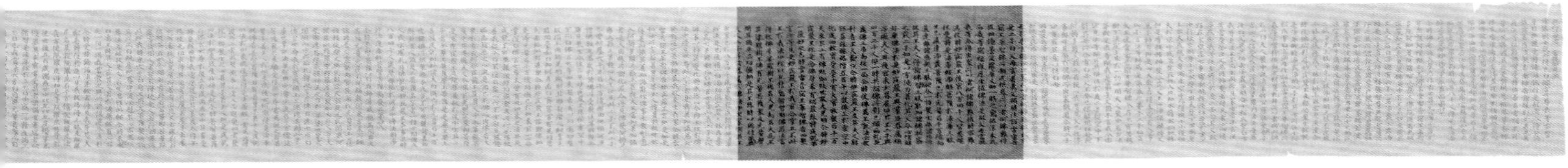

是二子白父母言善哉父母願時往詣雲雷音
宿王華智佛所親近供養所以者何佛難得
值如優曇波羅華又如一眼之龜值浮木孔
而我等宿福深厚生值佛法是故父母當聽
我等令得出家所以者何諸佛難值時亦難
遇彼時妙莊嚴王後宮八万四千人皆悉堪
任受持是法華經淨眼菩薩於法華三昧
久已通達淨藏菩薩已於无量百千万億劫
通達離諸惡趣三昧欲令一切衆生離諸惡趣
故其王夫人得諸佛習（集）三昧能知諸佛秘密
之藏二子如是以方便力善化其父令心信解
好樂佛法於是妙莊嚴王與羣臣眷屬俱
淨德夫人與後宮采女眷屬俱其王二子與

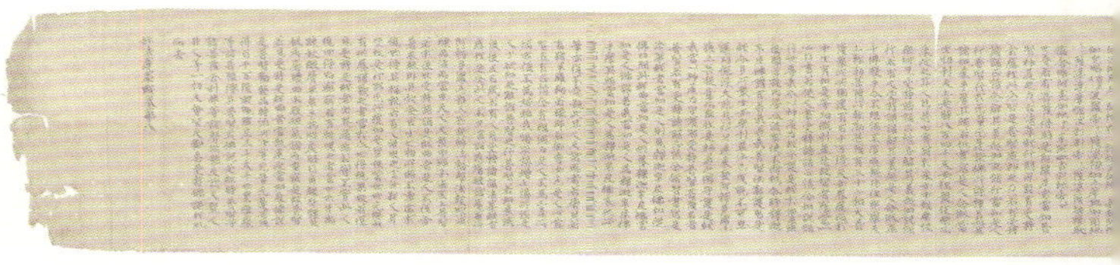

四万二千人俱一時共詣佛所到已頭面禮足遶佛三帀却住一面尒時彼佛爲王說法示教利喜王大歡悅尒時妙莊嚴王及其夫人解頸真珠瓔珞價直百千以散佛上於虛空中化成四柱寶臺臺中有大寶牀敷百千万天衣其上有佛結加趺坐放大光明尒時妙莊嚴王作是念佛身希有端嚴殊特成就第一微妙之色時雲雷音宿王華智佛告四衆言汝等見是妙莊嚴王於我前合掌立不此王於我法中作比丘精勤脩習助佛道法當得作佛号娑羅樹王國名大光劫名大高王其娑羅樹王佛有无量菩薩衆及无量聲聞其國平正功德如是其王即時以國付弟

聞其國平正功德如是其王即時以國付弟與
夫人二子并諸眷屬於佛法中出家脩道王
出家已於八万四千歲常勤精進脩行妙法華
經過是已後得一切淨功德莊嚴三昧即昇虛
空高七多羅樹而白佛言世尊此我二子已作
佛事以神通變化轉我耶心令得安住於佛
法中得見世尊此二子者是我善知識為欲
發起宿世善根饒益我故來生我家尒時雲
雷音宿王華智佛告妙莊嚴王言如是如是
如汝所言若善男子善女人種善根故世世
得善知識其善知識能作佛事示教利喜令
入阿耨多羅三藐三菩提大王當知善知識
者是大因緣所謂化道令得見佛發阿耨多

羅三藐三菩提心大王汝見此二子不此二子
已曾供養六十五百千万億那由他恒河沙
諸佛親近恭敬於諸佛所受持法華經愍念
邪見衆生令住正見妙莊嚴王即從虛空中
下而白佛言世尊如来甚希有以功德智慧
故頂上肉髻光明顯照其眼長廣而紺青色
眉間豪相白如珂月齒白齊密常有光明脣
色赤好如頻婆果尒時妙莊嚴王讚歎佛如
是等无量百千万億功德已於如来前一心合
掌復白佛言世尊未曾有也如来之法具足
成就不可思議微妙功德教戒所行安隱快
善我從今日不復自随心行不生邪見憍慢
瞋恚諸惡之心說是語已礼佛而出佛告大
衆於意云何妙莊嚴王豈異人乎今華德菩

BD00562　妙法蓮華經（八卷本）卷八

善我徔今日不復自隨心行不生邪見憍慢
瞋恚諸惡之心說是語已礼佛而出佛告大
衆於意云何妙莊嚴王豈異人乎今華德菩
薩是其淨德夫人今佛前光照莊嚴相菩薩
是哀愍莊嚴王及諸眷屬故於彼中生其二
子者今藥王菩薩藥上菩薩是是藥王藥上
菩薩成就如此諸大功德已於无量百千万
億諸佛所植衆德本成就不可思議諸善功
德若有人識是二菩薩名字者一切世間諸天
人民亦應礼拜佛說是妙莊嚴王本事品時
八万四千人遠塵離垢於諸法中得法眼淨

妙法蓮華經普賢菩薩勸發品第廿八

尒時普賢菩薩以自在神通威德名聞與大
菩薩无量无邊不可稱數從東方來所經

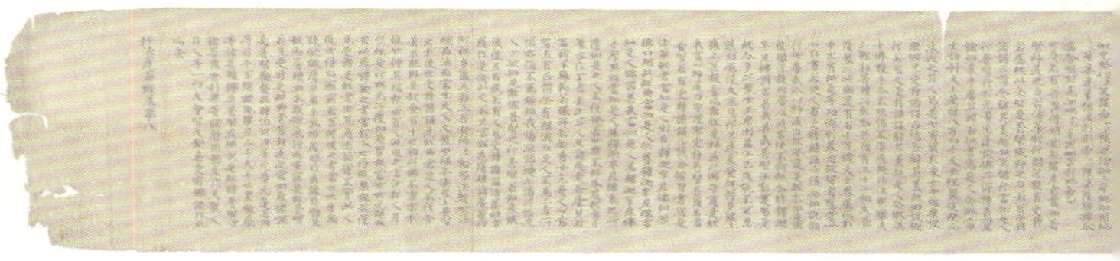

諸國普皆震動雨寶蓮華作无量百千万億
種種伎樂又與无數諸天龍夜叉乾闥婆阿
脩羅迦樓羅緊那羅摩睺羅伽人非人等大
衆圍遶各現威德神通之力到娑婆世界耆
闍崛山中頭面礼釋迦牟尼佛右遶七帀白
佛言世尊我於寶威德上王佛國遥聞此娑
婆世界說法華經與无量无邊百千万億諸
菩薩衆共來聽受唯願世尊當爲說之若善
男子善女人於如來滅後云何能得是法華
經佛告普賢菩薩若有善男子善女人成就
四法於如來滅後當得是法華經一者爲諸佛
護念二者植衆德本三者入正定聚四者發
救一切衆生之心善男子善女人如是成就
如是四法於如來滅後必得是經尒時普賢菩薩

BD00562　妙法蓮華經（八卷本）卷八

救一切衆生之心善男子善女人如是成就
四法於如來滅後必得是經尒時普賢菩薩
白佛言世尊於後五百歲濁惡世中其有受
持是經典者我當守護除其衰患令得安
隱使无伺求得其便者若魔若魔子若魔
女若魔民若爲魔所著者若夜叉若羅刹若
鳩槃荼若毗舍闍若吉蔗若富單那若韋陁
羅等諸惱人者皆不得便是人若行若立讀誦
此經我尒時乘六牙白象王與大菩薩衆俱詣
其所而自現身供養守護安慰其心亦爲供
養法華經故是人若坐思惟此經尒時我復乘
白象王現其人前其人若於法華經有所忘
失一句一偈我當教之與共讀誦還令通利
尒時受持讀誦法華經者得見我身甚大

歡喜轉復精進以見我故即得三昧及陀羅
尼名為旋陀羅尼百千万億旋陀羅尼法
音方便陀羅尼得如是等陀羅尼世尊若
後世後五百歲濁惡世中比丘比丘尼優婆塞
優婆夷求索者受持者讀誦者書寫者欲
脩習是法華經於三七日中應一心精進滿三
七日已我當乘六牙白象與无量菩薩而自
圍遶以一切眾生所喜見身現其人前而為
說法示教利喜亦復與其陀羅尼呪得是陀
羅尼故无有非人能破壞者亦不為女人之
所惑亂我身亦自常護是人唯願世尊聽我
說此陀羅尼呪即於佛前而說呪曰
阿檀地(途賣反)一 檀陀婆地二 檀陀婆帝三 檀陀鳩舍隸
四 檀陀脩陀隸五 脩陀隸六 脩陀羅婆底七 佛馱波

阿檀地(途賣反)一 檀陀婆地 檀陀婆帝 檀陀鳩舍隸
四 檀陀脩陀隸五 脩陀隸六 脩陀羅婆底七 佛䭾波
羶禰八 薩婆陀羅尼阿婆多尼九 薩婆婆沙阿
婆多尼十 脩阿婆多尼十一 僧伽婆履叉尼十二 僧
伽涅伽陀尼十三 阿僧祇十四 僧伽波伽地十五 帝隸阿惰僧
伽兜略(盧遮反) 波羅帝十六 薩婆僧伽三摩地伽蘭地
十七 薩婆達磨脩波利剎帝十八 薩婆薩埵樓䭾
憍舍略阿㝹伽地十九 辛阿毗吉利地帝廿
世尊若有菩薩得聞是陀羅尼者當知普
賢神通之力若法華經行閻浮提有受持
者應作此念皆是普賢威神之力若有受持
讀誦正憶念解其義趣如說脩行當知是人
行普賢行於无量无邊諸佛所深種善根為
諸如來手摩其頭若但書寫是人命終當

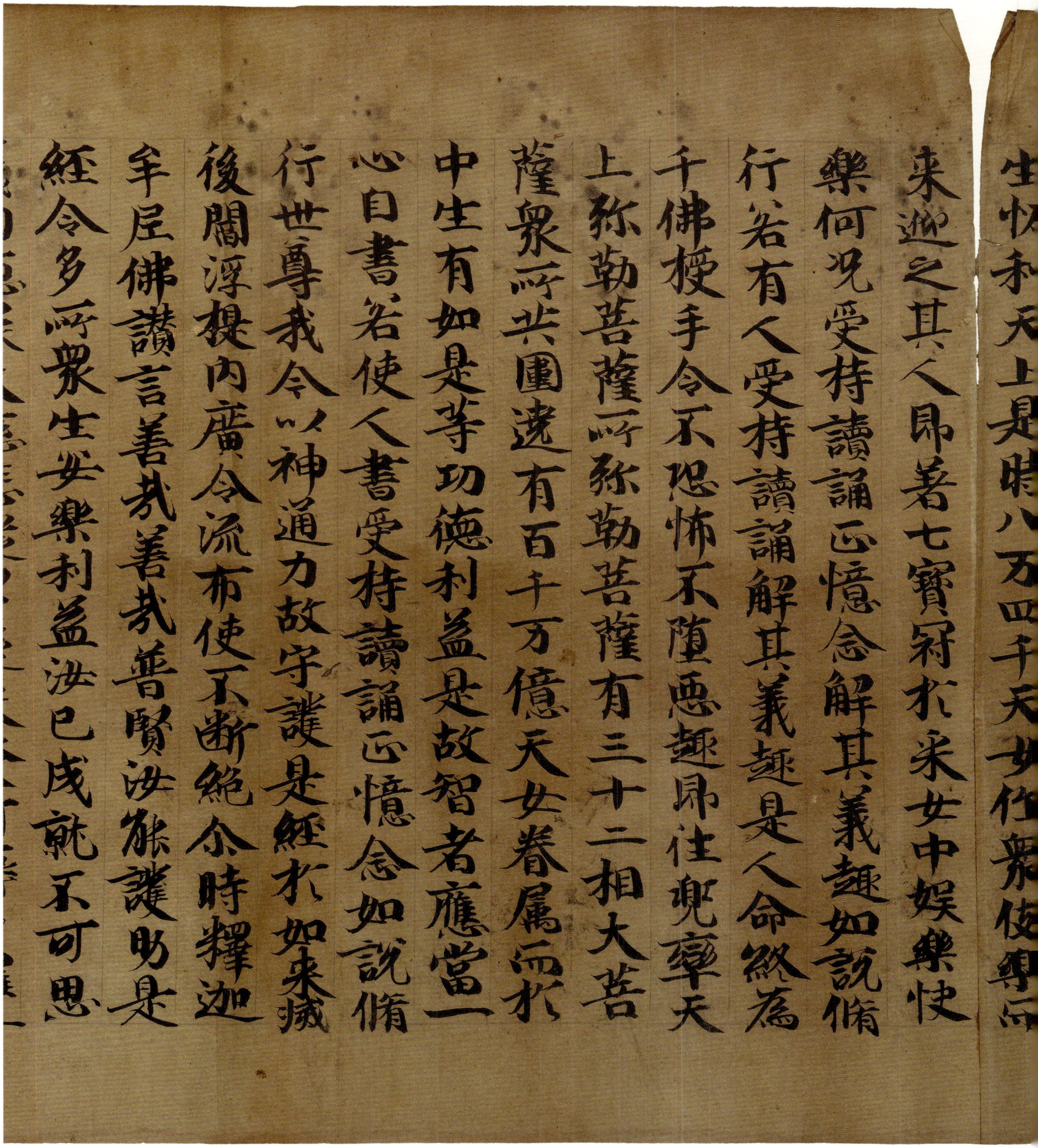

生忉利天上是時八万四千天女作衆伎樂而
来迎之其人即著七寶冠於采女中娛樂快
樂何况受持讀誦正憶念解其義趣如說脩
行若有人受持讀誦解其義趣是人命終為
千佛授手令不恐怖不墮惡趣即往兜率天
上弥勒菩薩所弥勒菩薩有三十二相大菩
薩衆所共圍遶有百千万億天女眷屬而於
中生有如是等功德利益是故智者應當一
心自書若使人書受持讀誦正憶念如說脩
行世尊我今以神通力故守護是經於如来滅
後閻浮提內廣令流布使不斷絕尒時釋迦
牟尼佛讚言善哉善哉普賢汝能護助是
經令多所衆生安樂利益汝已成就不可思

BD00562　妙法蓮華經（八卷本）卷八

牟尼佛讃言善哉善哉普賢汝能護助是
經令多所衆生安樂利益汝已成就不可思
議功德深大慈悲從久遠來發阿耨多羅三
藐三菩提意而能作是神通之願守護是經
我當以神通力守護能受持普賢菩薩名者
普賢若有受持讀誦正憶念脩習書寫是
法華經者當知是人則見釋迦牟尼佛如從
佛口聞此經典當知是人供養釋迦牟尼佛當
知是人佛讃善哉當知是人為釋迦牟尼佛
手摩其頭當知是人為釋迦牟尼佛衣之所
覆如是之人不復貪著世樂不好外道經書手
筆亦復不憙親近其人及諸惡者若屠兒若
畜猪羊雞狗若獵師若衒賣女色是人心意
質直有正憶念有福德力是人不為三毒所

惱亦復不為嫉妬我慢邪慢增上慢所惱是
人少欲知足能脩普賢之行普賢若如来滅
後後五百歲若有人見受持讀誦法華經者
應作是念此人不久當詣道場破諸魔衆得
阿耨多羅三藐三菩提轉法輪擊法鼓吹法
螺雨法雨當坐天人大衆中師子法座上普賢
若於後世受持讀誦是經典者是人不復貪
著衣服卧具飲食資生之物所願不虛亦於
現世得其福報若有人輕毀之言汝狂人耳
空作是行終无所獲如是罪報當世世无眼若
有供養讚歎之者當於今世得現果報若復
見受持是經者出其過惡若實不實此人
現世得白癩病若有輕笑之者當世世牙齒
疎缺醜脣平鼻手脚繚戾眼目角睞身體臭

BD00562　妙法蓮華經（八卷本）卷八

踈缺醜脣平鼻手脚繚戾眼目角睞身體臭
穢惡瘡膿血水腹短氣諸惡重病是故普賢
若見受持是經典者當起遠迎當如敬佛說
是普賢勸發品時恒河沙等无量无邊菩薩
得百千万億旋陁羅尼三千大千世界微塵
等諸菩薩得具普賢道佛說是經時普賢等
諸菩薩舍利弗等諸聲聞衆及諸天龍人
非人等一切大會皆大歡喜受持佛語作礼
而去

妙法蓮華經卷第八

BD00562　妙法蓮華經（八卷本）卷八

BD00563 大般若波羅蜜多經卷三六

（唐）玄奘 譯

276.6cm × 26.5cm

異无分別耶荅言如是如心无變異无分別眼
界色界眼識界亦无變異无分別耶荅言如
是如心无變異无分別耳界聲界耳識界亦
无變異无分別耶荅言如是如心无變異无
分別鼻界香界鼻識界亦无變異无分別
耶荅言如是如心无變異无分別舌界味界舌
識界亦无變異无分別耶荅言如是如心无
變異无分別身界觸界身識界亦无變異无
分別耶荅言如是如心无變異无分別意界
法界意識界亦无變異无分別耶荅言如是
如心无變異无分別地界亦无變異无分別
耶荅言如是如心无變異无分別水火風空
識界亦无變異无分別耶荅言如是如心无
變異无分別苦聖諦亦无變異无分別耶荅
言如是如心无變異无分別集滅道聖諦亦

无變異无分別耶荅言如是如心无變異无
分別无明亦無變異无分別耶荅言如是如
心无變異无分別行識名色六處觸受愛取
有生老死愁歎苦憂惱亦无變異无分別耶
荅言如是如心无變異无分別四靜慮亦无
變異无分別耶荅言如是如心无變異无分
別四无量四无色定亦无變異无分別耶荅言
如是如心无變異无分別五眼亦无變異无
分別耶荅言如是如心无變異无分別六
神通亦无變異无分別耶荅言如是如心无
變異无分別布施波羅蜜多亦无變異无分
別耶荅言如是如心无變異无分別淨戒安
忍精進靜慮般若波羅蜜多亦无變異无分
別耶荅言如是如心无變異无分別四念住
亦无變異无分別耶荅言如是如心无變異

別耶答言如是如心
亦无變異无分別耶答言如是如心无變異
无分別四正斷四神足五根五力七等覺支八
聖道支亦无變異无分別耶答言如是如心
无變異无分別佛十力亦无變異无分別
耶答言如是如心无變異无分別四无所畏
四无礙解大慈大悲大喜大捨十八佛不共
法乃至无上正等菩提亦无變異无分別耶
答言如是時舍利子讚善現言善哉善哉誠
如所說汝真佛子從佛心生從佛口生從佛
法生從法化生受佛法分不受財分於諸法
中身自作證慧眼現見而能起說世尊說汝
聲聞衆中住无諍定最爲第一如佛所說真
實不虛善現菩薩摩訶薩於般若波羅蜜多
能如是學應知已住不退轉地不離般若波羅
蜜多應勤聽習讀誦受持如理思惟令其究竟

无

竟欲學獨覺地者當於般若波羅蜜多應勤
聽習讀誦受持如理思惟令其究竟欲學菩
薩地者當於般若波羅蜜多應勤聽習讀誦
受持如理思惟令其究竟欲學如來地者當
於般若波羅蜜多應勤聽習讀誦受持如理
思惟令其究竟何以故如是般若波羅蜜多
中廣說開示三乘法故若菩薩摩訶薩學般
若波羅蜜多則為遍學三乘亦於三乘法皆

別耶答言如是如心无變異无分別四念住亦
无變異无分別耶答言如是如心无變異
无分別四正斷四神足五根五力七等覺支

无變異无分別耶答言如是如心无變異
无分別四正斷四神足五根五力七等覺支
八聖道支亦无變異无分別耶答言如是如
心无變異无分別佛十力亦无變異无分別
耶答言如是如心無變異无分別四无所畏四
无礙解大慈大悲大喜大捨十八佛不共法
乃至无上正等菩提亦无變異无分別耶答
言如是時舍利子讚善現言善哉善哉誠如
所說汝真佛子從佛心生從佛口生從佛
法生從法化生受佛法分不受財分於諸法
中身自作證慧眼現見而能起說世尊說汝
聲聞衆中住无諍定最為第一如佛所說真
實不虛善現菩薩摩訶薩於般若波羅蜜多
應如是學若菩薩摩訶薩於般若波羅蜜多
能如是學應知已住不退轉地不離般若波羅
蜜多善現欲學聲聞地者當於般若波羅

蜜多應勤聽習讀誦受持如理思惟令其究
竟欲學獨覺地者當於般若波羅蜜多應勤
聽習讀誦受持如理思惟令其究竟欲學菩
薩地者當於般若波羅蜜多應勤聽習讀誦
受持如理思惟令其究竟欲學如來地者當
於般若波羅蜜多應勤聽習讀誦受持如理
思惟令其究竟何以故如是般若波羅蜜多
中廣說開示三乘法故若菩薩摩訶薩學般
若波羅蜜多則為遍學三乘亦於三乘法皆
得善巧

初分無住品第九之一

尒時具壽善現白佛言世尊我於菩薩摩訶
薩及於般若波羅蜜多皆不得不見云何令
我以般若波羅蜜多相應之法教誡教授諸
菩薩摩訶薩世尊我於諸法不得不見若集

我以般[illegible]

菩薩摩訶薩世尊我於諸法不得不見若集

若散若以此法教誡教授諸菩薩摩訶薩或

當有悔世尊我於諸法不得不見若集若散

云何可言此是菩薩摩訶薩此是般若波羅

蜜多世尊是菩薩摩訶薩名及般若波羅蜜

多名皆无所住亦非不住何以故是二名義

既无所有故是二名皆无所住亦非不住世

尊我於色受想行識不得不見若集若散云

何可言此是色乃至此是識世尊是色等名

皆无所住亦非不住何以故色等名義既无

所有故色等名皆无所住亦非不住世尊

我於眼耳鼻舌身意處不得不見若集若散云

何可言此是眼處乃至此是意處世尊是眼

處等名皆无所住亦非不住何以故眼處等

名義既无所有故眼處等名皆无所住亦非

不住世尊我於色聲香味觸法處不得不見
若集若散云何可言此是色處乃至此是法
處世尊是色處等名皆无所住亦非不住何
以故色處等名義既无所有故色處等名皆
无所住亦非不住世尊我於眼界色界眼識
界及眼觸眼觸爲緣所生諸受不得不見若
集若散云何可言此是眼界乃至此是眼觸
爲緣所生諸受世尊是眼界等名皆无所住
亦非不住何以故眼界等名義既无所有故眼
界等名皆无所住亦非不住世尊我於耳
界聲界耳識界及耳觸耳觸爲緣所生諸受
不得不見若集若散云何可言此是耳界乃
至此是耳觸爲緣所生諸受世尊是耳界等
名皆无所住亦非不住何以故耳界等名義
既无所有故耳界等名皆无所住亦非不住

既无所有故耳界等名皆无所住亦非不住
世尊我於鼻界香界鼻識界及鼻觸鼻觸爲
緣所生諸受不得不見若集若散云何可言
此是鼻界乃至此是鼻觸爲緣所生諸受世
尊是鼻界等名皆无所住亦非不住何以故
鼻界等名義既无所有故鼻界等名皆无所
住亦非不住世尊我於舌界味界舌識界及
舌觸舌觸爲緣所生諸受不得不見若集若
散云何可言此是舌界乃至此是舌觸爲緣
所生諸受世尊是舌界等名皆无所住亦非
不住何以故舌界等名義既无所有故舌界
等名皆无所住亦非不住世尊我於身界觸
界身識界及身觸身觸爲緣所生諸受不得
不見若集若散云何可言此是身界乃至此
是身觸爲緣所生諸受世尊是身界等名皆

无所住亦非不住何以故身界等名義既无
所有故身界等名皆无所住亦非不住世尊
我於意界法界意識界及意觸意觸為緣所
生諸受不得不見若集若散云何可言此是意
界乃至意觸為緣所生諸受世尊是意界
等名皆无所住亦非不住何以故意界等名
義既无所有故意界等名皆无所住亦非不
住世尊我於地水火風空識界不得不見若
集若散云何可言此是地界乃至此是識界
世尊是地界等名皆无所住亦非不住何以
故地界等名義既无所有故地界等名皆无
所住亦非不住世尊我於苦集滅道聖諦不
得不見若集若散云何可言此是苦聖諦乃
至此是道聖諦世尊是苦聖諦等名皆无所
住亦非不住何以故苦聖諦等名義既无所

住亦非不住何以故苦聖諦等名義既无所
有故苦聖諦等名皆无所住亦非不住世尊
我於无明行識名色六處觸受愛取有生老
死愁歎苦憂惱不得不見若集若散云何可言
此是无明乃至此是老死愁歎苦憂惱世
尊是无明等名皆无所住亦非不住何以故
无明等名義既无所有故无明等名皆无所
住亦非不住世尊我於无明滅乃至老死愁
歎苦憂惱滅不得不見若集若散云何可言此
是无明滅乃至此是老死愁歎苦憂惱滅世
尊是无明滅等名皆无所住亦非不住何以
故无明滅等名義既无所有故无明滅等
名皆无所住亦非不住世尊我於貪瞋癡一
切纏結隨眠見趣不善根等不得不見若集
若散云何可言此是貪乃至此是不善根等

世尊是貪等名皆无所住亦非不住何以故
貪等名義既无所有故貪等名皆无所住亦
非不住世尊我於四靜慮四无量四无色定
不得不見若集若散云何可言此是四靜慮
乃至此是四无色定世尊是四靜慮等名
皆无所住亦非不住何以故四靜慮等名義既
無所有故四靜慮等名皆無所住亦非不住

大般若波羅蜜多經卷第卅六

BD00564 維摩詰所説經卷上

（後秦）鳩摩羅什 譯

204cm × 28cm

衆生来生其国忍辱是菩薩淨土菩薩成佛時卅二相莊
嚴衆生来生其国精進是菩薩淨土菩薩成佛時懃脩
一切功德衆生来生其国禪定是菩薩淨土菩薩成佛時攝
心不亂衆生来生其国慧智是菩薩淨土菩薩成佛時正
定衆生来生其国四无量心是菩薩淨土菩薩成佛時成就
慈悲喜捨衆生来生其国四攝法是菩薩淨土菩薩成佛
時解脫所攝衆生来生其国方便是菩薩淨土菩薩成佛時
於一切法方便无閡衆生来生其国卅七道品是菩薩成佛
時念處正勤神足根力覺道衆生来生其国迴向心是菩
薩淨土菩薩成佛時得一切具足功德国土說除八難是菩薩
淨土菩薩成佛時国土無有三惡八難自守戒行不譏彼闕是
菩薩淨土菩薩成佛時国土無有犯禁之名十善是菩薩
淨土菩薩成佛時命不中夭大富梵行所言誠諦常以軟語

眷屬不離善和諍訟言必饒益不嫉不恚正見衆生来
生其国如是寶積菩薩隨其直心則能發行隨其發行
則得深心隨其深心則意調伏隨意調伏則能說行隨
如說行則能迴向隨其迴向則有方便隨其方便則成就衆
生隨成就衆生則佛土淨隨佛土淨則說法淨隨說法淨則
智慧淨隨智慧淨則其心淨隨其心淨則一切功德淨是故寶
積若菩薩欲得淨土當淨其心隨其心淨則佛土淨尒時
舍利弗承佛威神作是念若菩薩心淨則佛土淨者我世
尊本為菩薩時意豈不淨而是佛土不淨若此佛知其
念即告之言於意云何日月豈不淨耶而盲者不見
世世尊是盲者過非日月咎舍利弗衆生罪故不見如来
佛國嚴淨非如来咎舍利弗我此土淨而汝不見尒時螺髻
梵王語舍利弗勿作是意謂此佛土以為不淨所以者何我
見釋迦牟尼佛土清淨譬如自在天宮舍利弗言我見

見釋迦牟尼佛土清淨辟如自在天宮舍利弗言我見
此土丘陵坑坎荊棘沙礫土石諸山穢惡充滿螺髻梵言仁
者心有高下不依佛慧故見此土為不淨耳舍利弗菩
薩於一切眾生悉皆平等深心清淨依佛慧則能見此
佛土清淨於是佛以足指按地即時三千大千世界若
干百千珍寶嚴飾辟如寶莊嚴佛无量功德寶莊
嚴土一切大眾歎未曾有而皆自見坐寶蓮華佛告
舍利弗汝且觀是佛土嚴淨舍利弗言唯然世尊本
所不見本所不聞今佛国土嚴淨悉現佛語舍利弗我
佛国土常淨若此為欲度斯下劣人故示是眾惡不淨
土耳譬如諸天共寶器食隨其福德飯色有異如是舍
利弗若人心淨便見此土功德莊嚴當佛現此国土嚴淨
之時寶積所將五百長者子皆得無生法忍八万四千人發

阿耨多羅三藐三菩提心佛攝神足於是世界還復
如故求聲聞乘三万二千天及人知有為法皆悉無常遠
塵離垢得法眼淨八千比丘不受諸法漏盡意解

方便品第二　尒時毗耶離大城中有長者名維
摩詰已曾供養無量諸佛深殖善本得無生忍辯才
无閡遊戲神通逮諸總持獲无所畏降魔勞怨入
深法門善於智度通達方便大願成就明了衆生心
之所趣又能分別諸根利鈍久於佛道心已純淑決定大乘
諸有所作能善思量住佛威儀心大如海諸佛咨嗟
弟子釋梵世主所敬欲度人故以善方便居毗耶離資財無
量攝諸貧人奉戒清淨攝諸毀禁以忍調行攝諸恚怒
以大精進攝諸懈怠一心禪寂攝諸亂意以決定慧攝
諸无智雖為白衣奉持沙門清淨律行雖處居家

以大精進攝諸懈怠一心禪寂攝諸亂意以決定慧攝
諸无智雖為白衣奉持沙門清淨律行雖處居家不著
三界示有妻子常脩梵行現有眷屬常樂遠離雖服
寶飾而以相好嚴身雖復飲食而以禪悅為味若至博弈
戲處輒以度人受諸異道不毀正信雖明世典常樂佛
法一切見敬為供養中最執持正法攝諸長幼一切治生諧
偶雖獲俗利不以喜悅遊諸四衢饒益衆生入治正法救
護一切入講論處導以大乘入諸學堂誘開童蒙入諸
婬舍示欲之過入諸酒肆能立其志若在長者中尊為說
勝法若在居士居士中尊斷其貪著若在剎利剎利中尊
教以忍辱若在婆羅門婆羅門中尊除其我慢若在大臣
中尊教以正法若在王子王子中尊示以忠孝若在內官中尊
化政宮女若在庶人庶民中尊令興福力若在梵天梵天中尊
誨以勝慧若在帝釋帝釋中尊示現无常若在護世護世
中尊護諸衆生長者維摩詰以如是等無量方便饒益

衆生其以方便現身有疾以其疾故國王大臣長者居士
婆羅門等及諸王子并餘官屬无數千人皆往問疾其
往者維摩詰因以身疾廣為說法諸仁者是身無常無
强無力無堅速朽之法不可信也為苦為惱衆病所集諸
仁者如此身明智者所不怙是身如聚沫不可撮摩是身如
泡不得久立是身如炎從渴愛生是身如芭蕉中無有堅
是身如幻從顛倒起是身如夢為虛妄見是身如影
從業緣現是身如響屬諸因緣是身如浮雲須臾變滅
是身如電念念不住是身無主為如地是身無我為如火是
身無受為如風是身無人為如水是身不實四大為家是身為
空離我我所是身無知如草木瓦礫是身无作風力所轉是
身不淨穢惡充滿是身為虛偽雖假以澡浴衣食必歸磨滅
是身為災百一病惱是身如丘井為老所逼是身无定為要
當死是身如毒蛇如怨賊如空聚陰界諸入所共合成諸仁者

當知是身如毒蛇如怨賊如空聚陰界諸入所共合成諸仁者
此可患厭當樂佛身所以者何佛身者即法身也從無量功德
智慧生從戒定慧解脫解脫知見生從慈悲喜捨生從布施持
戒忍辱柔和勤行精進禪定解脫三昧多聞智慧諸波羅蜜
生從方便生從六通生從三明生從卅七道生從止觀生從十
力四无畏十八不共法生從斷一切不善法集一切善法生從真實
生從不放逸生從如是无量清淨法生如來身諸仁者
欲得佛身斷一切衆生病者當發阿耨多羅三藐三菩提心如是長
者維摩詰為諸問疾者如應說法令無數千人皆發阿
耨多羅三藐三菩提心

弟子品第三

爾時長者維摩詰自念寢疾于牀世尊大慈寧不垂愍
佛知其意即告舍利弗汝行詣維摩詰問疾舍利弗白佛
言世尊我不堪任詣彼問疾所以者何憶念我昔曾於
林中宴坐樹下時維摩詰來謂我言唯舍利弗不必是坐為

宴坐也夫宴者不於三界而現身意是為宴坐不起滅定
而現諸威儀是為宴坐不捨道法而現凡夫事是為宴坐心
不住內亦不在外是為宴坐於諸見不動而脩行卅七品是為
宴坐不斷煩惱而入涅槃是為宴坐若能如是坐者佛所印可時
我世尊聞是語默然而止不能加報故我不任詣彼問疾
佛告大目揵連汝行詣維摩詰問疾目連白佛言世尊我
不堪任詣彼問疾所以者何憶念我昔入毗耶離大城於里巷
中為諸居士說法時維摩詰來謂我言唯大目連為白衣
居士說法不當如仁者所說夫說法者當如法說法無眾生離
眾生垢故法无有我離我垢故法無壽命離生死故法無有
人前後際斷故法常寂然滅諸相故法離於相无所緣故法無
名字言語斷故法有說離覺觀故法无形相如虛空故法無
戲論畢竟空故法无我所離我所故法无分別離諸識故法無
有比無相待故法不屬因不在緣故法同法性入諸法故法

有比無相待故法不屬因不在緣故法同法性入諸法故法
隨於如無所隨故法住實際諸邊不動故法無動搖不衣六
塵故法无去來常不住故法順空隨无[相應]作法離好醜法无增損
法无生滅法无所歸法過眼耳鼻舌身心法无高下法常住不
動法離一切觀行唯大目連法相如是豈可說乎夫說法者无
說無示其聽法者無聞无得譬如幻士為幻人說法當建
是意而為說法當了眾生根有利鈍善於知見无所罣閡以
大悲心讚于大乘念報佛恩不斷三寶然後說法維摩詰說

BD00565 **金剛般若波羅蜜經**

（後秦）鳩摩羅什 譯

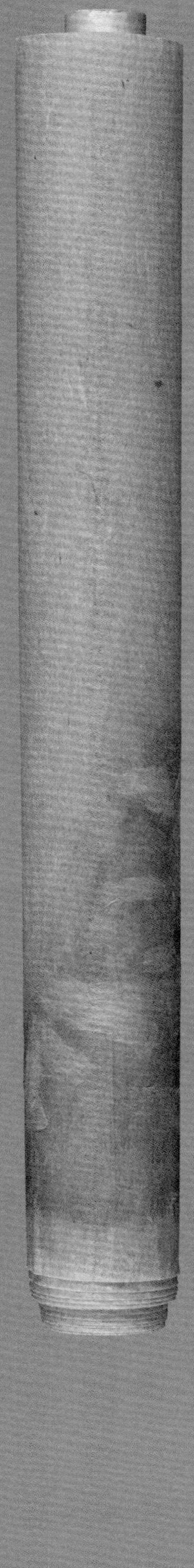

370.1cm × 25.5cm

山章句
佛二
量千万佛所
乃至一念生淨信者須
諸衆生得如是无量
故是諸衆生无復我相人相衆生
相壽者相无法相亦无非法相何以故是諸衆
生若心取相則為著我人衆生壽者若取
法相即著我人衆生壽者何以故若取非法
相即著我人衆生壽者是故不應取法不應
取非法以是義故如來常說汝等比丘知我說
法如筏喻者法尚應捨何況非法
須菩提於意云何如來得阿耨多羅三藐三
菩提耶如來有所說法耶須菩提言如我解
佛所說義无有定法名阿耨多羅三藐三菩

提亦无有定法如来可説何以故如来所説法
皆不可取不可説非法非非法所以者何一
切賢聖皆以无為法而有差别
須菩提於意云何若人滿三千大千世界七
寶以用布施是人所得福德寧為多不須菩
提言甚多世尊何以故是福德即非福德性
是故如来説福德多若復有人於此經中受
持乃至四句偈等為他人説其福勝彼何以
故須菩提一切諸佛及諸佛阿耨多羅三藐三菩
提法皆從此經出須菩提所謂佛法者即非佛法
須菩提於意云何須陁洹能作是念我得須
陁洹果不須菩提言不也世尊何以故須陁洹
名為入流而无所入不入色聲香味觸法是
名須陁洹須菩提於意云何斯陁含能作是
念我得斯陁含果不須菩提言不也世尊何
以故斯陁含名一往来而實无往来是名斯

念我得斯陁含果不須菩提言不也世尊何
以故斯陁含名一往来而實无往来是名斯
陁含須菩提於意云何阿那含能作是念我
得阿那含果不須菩提言不也世尊何以故
阿那含名為不来而實无来是故名阿那含
須菩提於意云何阿羅漢能作是念我得阿
羅漢道不須菩提言不也世尊何以故實无
有法名阿羅漢世尊若阿羅漢作是念我得
阿羅漢道即為著我人衆生壽者世尊佛
說我得无諍三昧人中最為第一是第一離
欲阿羅漢我不作是念我是離欲阿羅漢世尊
我若作是念我得阿羅漢道世尊則不說須
菩提是樂阿蘭那行者以須菩提實无所
行而名須菩提是樂阿蘭那行
佛告須菩提於意云何如来昔在然燈佛所
於法有所得不世尊如来在然燈佛所於法

實无所得須菩提於意云何菩薩莊嚴佛土
不不世世尊何以故莊嚴佛土者則非莊嚴
是名莊嚴是故須菩提諸菩薩摩訶薩應如
是生清淨心不應住色生心不應住聲香味
觸法生心應无所住而生其心須菩提譬如
有人身如須彌山王於意云何是身為大不
須菩提言甚大世尊何以故佛說非身是名大身
須菩提如恒河中所有沙數如是沙等恒河於
意云何是諸恒河沙寧為多不須菩提言甚多
世尊但諸恒河尚多无數何況其沙須菩提
我今實言告汝若有善男子善女人以七寶
滿爾所恒河沙數三千大千世界以用布施
得福多不須菩提言甚多世尊佛告須菩
提若善男子善女人於此經中乃至受持四句
偈等為他人說而此福德勝前福德

偈等為他人說而此福德勝前福德
復次須菩提隨說是經乃至四句偈等當知此
處一切世間天人阿脩羅皆應供養如佛塔廟
何況有人盡能受持讀誦須菩提當知是人
成就最上第一希有之法若是經典所在
之處則為有佛若尊重弟子
尒時須菩提白佛言世尊當何名此經我等
云何奉持佛告須菩提是經名為金剛般若
波羅蜜以是名字汝當奉持所以者何須菩
提佛說般若波羅蜜則非般若波羅蜜須菩
提於意云何如来有所說法不須菩提白佛
言世尊如来无所說須菩提於意云何三千
大千世界所有微塵是為多不須菩提言甚
多世尊須菩提諸微塵如来說非微塵是名
微塵如来說世界非世界是名世界須菩提

於意云何可以卅二相見如来不不也世尊不可
以卅二相得見如来何以故如来說卅二相即是非
相是名卅二相須菩提若有善男子善女人以恒
河沙等身命布施若復有人於此經中乃至
受持四句偈等為他人說其福甚多
尒時須菩提聞說是經深解義趣涕淚悲泣
而白佛言希有世尊佛說如是甚深經典我
從昔来所得慧眼未曾得聞如是之經世尊
若復有人得聞是經信心清淨則生實相當
知是人成就第一希有功德世尊是實相者
則是非相是故如来說名實相世尊我今得聞
如是經典信解受持不足為難若當来世後
五百歲其有衆生得聞是經信解受持是人
則為第一希有何以故此人无我相人相衆
生相壽者相所以者何我相即是非相人相
衆生相壽者相即是非相何以故離一切諸

BD00565　金剛般若波羅蜜經

生相壽者相何以故我相即是非相人相
衆生相壽者相即是非相何以故離一切諸
相則名諸佛
佛告須菩提如是如是若復有人得聞是經
不驚不怖不畏當知是人甚為希有何以故
須菩提如來說第一波羅蜜非第一波羅蜜
是名第一波羅蜜須菩提忍辱波羅蜜如來
說非忍辱波羅蜜何以故須菩提如我昔為
歌利王割截身體我於尒時无我相无人相
无衆生相无壽者相何以故我於往昔節節
支解時若有我相人相衆生相壽者相應生
瞋恨須菩提又念過去於五百世作忍辱仙
人於尒所世无我相无人相无衆生相无壽
者相是故須菩提菩薩應離一切相發阿耨
多羅三藐三菩提心不應住色生心不應住
聲香味觸法生心應生无所住心若心有住

則為非住是故佛說菩薩心不應住色布施
須菩提菩薩為利益一切衆生應如是布施
如来說一切諸相即是非相又說一切衆生
則非衆生須菩提如来是真語者實語者如
語者不誑語者不異語者須菩提如来所得
法此法无實无虚須菩提若菩薩心住於法
而行布施如人入闇則无所見若菩薩心不
住法而行布施如人有目日光明照見種種
色須菩提當来之世若有善男子善女人能
於此經受持讀誦則為如来以佛智慧悉知
是人悉見是人皆得成就无量无邊功
須菩提若有善男子善女人初日分以恒河
沙等身命布施中日分復以恒河沙等身布
施後日分亦以恒河沙等身布施如是无量
百千万億劫以身布施若復有人聞此經典
信心不逆其福勝彼何況書寫受持讀誦為

於後日分亦以恒河沙等身布施如是无量
百千万億劫以身布施若復有人聞此經典
信心不逆其福勝彼何況書寫受持讀誦為
人解説須菩提以要言之是經有不可思議
不可稱量无邊功德如来為發大乘者説為發
㝡上乘者説若有人能受持讀誦廣為人解
説如来悉知是人悉見是人皆成就不可量
不可稱无有邊不可思議功德如是人等則
為荷擔如来阿耨多羅三藐三菩提何以故
須菩提若樂小法者著我見人見衆生見壽
者見則於此經不能聽受讀誦為人解説須
菩提在在處處若有此經一切世間天人阿
脩羅所應供養當知此處則為是塔皆應恭
敬作礼圍遶以諸華香而散其處
復次須菩提善男子善女人受持讀誦此經
若為人輕賤是人先世罪業應墮惡道以今

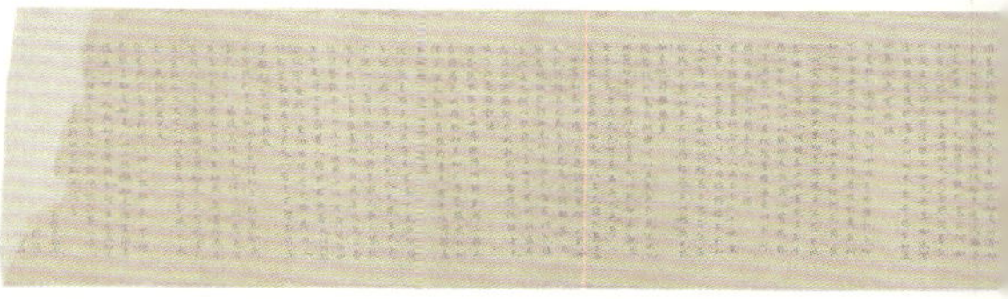

世人輕賤故先世罪業則為消滅當得阿耨
多羅三藐三菩提須菩提我念過去无量阿
僧祇劫於然燈佛前得值八百四千万億那
由他諸佛悉皆供養承事无空過者若復有
人於後末世能受持讀誦此經所得功德於
我所供養諸佛功德百分不及一千万億分
乃至筭數譬喻所不能及須菩提若善男子
善女人於後末世有受持讀誦此經所得功
德我若具說者或有人聞心則狂亂狐疑不信
須菩提當知是經義不可思議果報亦不可思議
尒時須菩提白佛言世尊善男子善女人發阿
耨多羅三藐三菩提心云何應住云何降伏
其心佛告須菩提善男子善女人發阿耨多
羅三藐三菩提者當生如是心我應滅度一
切衆生滅度一切衆生已而无有一衆生實

BD00565　金剛般若波羅蜜經

切衆生滅度一切衆生已而无有一衆生實
滅度者何以故若菩薩有我相人相衆生相
壽者相則非菩薩所以者何須菩提實无有
法發阿耨多羅三藐三菩提者須菩提於意
云何如来於然燈佛所有法得阿耨多羅三
藐三菩提不不也世尊如我解佛所説義佛
於然燈佛所无有法得阿耨多羅三藐三菩
提佛言如是如是須菩提實无有法如来得
阿耨多羅三藐三菩提須菩提若有法如来
得阿耨多羅三藐三菩提者然燈佛則不與
我受記汝於来世當得作佛号釋迦牟尼以
實无有法得阿耨多羅三藐三菩提是故然
燈佛與我受記作是言汝於来世當得作佛
号釋迦牟尼何以故如来者即諸法如義若
有人言如来得阿耨多羅三藐三菩提須菩

提實无有法佛得阿耨多羅三藐三菩提須
菩提如来所得阿耨多羅三藐三菩提於是
中无實无虛是故如来說一切法皆是佛法
須菩提所言一切法者即非一切法是故名
一切法須菩提譬如人身長大須菩提言世
尊如来說人身長大則為非大身是名大身
須菩提菩薩亦如是若作是言我當滅度无
量衆生則不名菩薩何以故須菩提實无有
法名為菩薩是故佛說一切法无我无人无衆
生无壽者須菩提若菩薩作是言我當莊嚴
佛土是不名菩薩何以故如来說莊嚴佛土
者即非莊嚴是名莊嚴須菩提若菩薩通達
无我法者如来說名真是菩薩
須菩提於意云何如来有肉眼不如是世尊如
来有肉眼須菩提於意云何如来有天眼不
如是世尊如来有天眼須菩提於意云何如

BD00565　金剛般若波羅蜜經

来有肉眼須菩提於意云何如来有天眼不
如是世尊如来有天眼須菩提於意云何如
来有慧眼不如是世尊如来有慧眼須菩提
於意云何如来有法眼不如是世尊如来有
法眼須菩提於意云何如来有佛眼不如是
世尊如来有佛眼
須菩提於意云何恒河中所有沙佛說是沙
不如是世尊如来說是沙須菩提於意云何
如一恒河中所有沙有如是等恒河是諸恒
河所有沙數佛世界如是寧為多不甚多世
尊佛告須菩提尒所國土中所有衆生若干
種心如来悉知何以故如来說諸心皆為非
心是名為心所以者何須菩提過去心不可
得現在心不可得未来心不可得
須菩提於意云何若有人滿三千大千世界
七寶以用布施是人以是因緣得福多不如

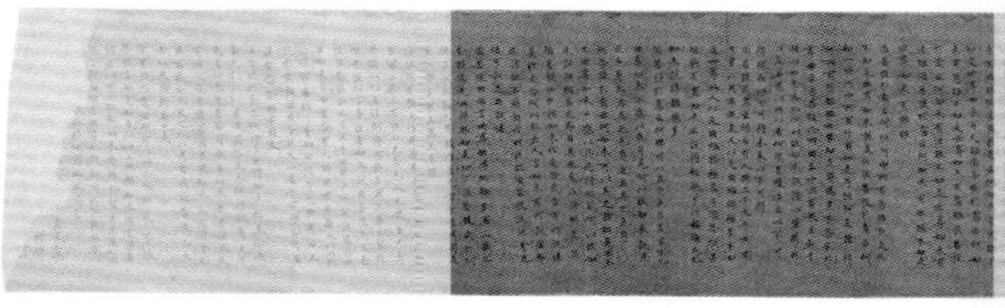

是世尊此人以是因緣得福甚多須菩提若
福德有實如来不說得福德多以福德无故
如来說得福德多
須菩提於意云何佛可以具足色身見不不也
世尊如来不應以色身見何以故如来說具
足色身即非具足色身是名具足色身
須菩提於意云何如来可以具足諸相見不不
也世尊如来不應以具足諸相見何以故如
来說諸相具足即非具足是名諸相具足
須菩提汝勿謂如来作是念我當有所說法
莫作是念何以故若人言如来有所說法即
為謗佛不能解我所說故須菩提說法者无
法可說是名說法
須菩提白佛言世尊佛得阿耨多羅三藐三
菩提為无所得耶如是如是須菩提我於阿

須菩提[illegible]
菩提爲无所得耶如是如是須菩提我於阿
耨多羅三藐三菩提乃至无有少法可得是
多阿耨多羅三藐三菩提
復次須菩提是法平等无有高下是名阿耨
多羅三藐三菩提以无我无人无衆生无壽
者脩一切善法則得阿耨多羅三藐三菩提
須菩提所言善法者如來說非善法是名善
法須菩提若三千大千世界中所有諸須弥山
王如是等七寶聚有人持用布施若人以此般
若波羅蜜經乃至四句偈等受持爲他人
說於前福德百分不及一百千万億分乃至
筭數譬喻所不能及
須菩提於意云何汝等勿謂如來作是念我
當度衆生須菩提莫作是念何以故實无有
衆生如來度者若有衆生如來度者如來則

有我人衆生壽者須菩提如來説有我者則
非有我而凡夫之人以爲有我須菩提凡夫
者如來説則非凡夫
須菩提於意云何可以卅二相觀來不須
菩提言如是如是以卅二相觀如來佛言須菩
提若以卅二相觀如來者轉輪聖王則是如來
須菩提白佛言世尊如我解佛所説義不應以
卅二相觀如來尒時世尊而説偈言
不能見如來
故得

BD00566 四分律戒本疏卷三

沙門慧述

83cm×26.8cm

……期……道行……不離……

六隨所越聚分齊俱犯但俱共期不問第三人多少皆犯以非用法不類於尼所以

伴行　已下兩明戒本此戒因那律被打爲起　若比丘與女人共期同道行乃至村

間波逸提　此蕭之戒本文有五句一犯人二同行境三共期四同道行五結犯和可

知二三言婦女外上三言共期者律云二言共六至村城國土四同一道行至村間者律

云有分齊行處是五言波逸提者律云若村內一界川一道多村內多界行多墮

餘文於前與尼同戒行說戒　不犯者先不知若共期須往彼得安若力勢諸難等

皆開不犯　施一食處過受戒第卅一　制意者息譏信[存]士竊捨家疏遠五住處標

心一食俟齋僧衆宜量其分稱施而受即章內有廉節之心外不惱施主令欠

逆不去爲過受他食長貪惱物敗善增惡爲過損不輕是故聖制　別緣有五一非親居

士限一食三無病四請住因緣四過受食五食則俱犯　已下兩明戒本此因六群比丘起過

故制　若比丘施一食處無病比丘應受一食若過受者波逸提　此蕭之戒本文有五句一施

一食處二無病者及衆開緣三比丘者犯四應一食者食之分齊五若過下結犯二言施

一食處者律云在中一宿也食者謂時除食除三藥揵故二言無病者[?]舉[?]律云

無病者離彼村增劇者是三言比丘應一食犯人四言應食者明食之分齊五言

若過受波逸提者律云無病比丘一宿受過食之結墮之若受餘襯身衣及燈油

犯吉　問所以食重衣輕答食資最急人喜過受又復受用毀壞損施主故所以

重施主造立細舍安穩身衣穩一夜受用不破淨若過受[?]……

重施主造立祖舍安亂身衣聽一夜受用不聽將去過受義看雖過受用衣
幹不壞猶屬施主損惱義欲故所以輕燈由塗足之類體壞身外受用過受義
看是故犯輕　問别食七緣此獨但二病者容然病人共物去刷戒損住刷有益施
主體知不生譏惱是故制聖開别衆食中施主請多開六无損此戒一食讓
无施心若六緣開便戒損惱故无除六　律云不犯者一宿受食若施病過受若居
士請僧多食若比弟請食若水陸道斷等緣並開不犯　展轉食戒第卅二
制意者然黑篤信居士供辦美食正請衆僧悕存受用一命今許一命後遠使
彼欲食徒設而已无供僧之益損惱施主其過非輕所以制聖
制　釋名者受前請已復受後請牙皆從此彌為展轉故曰展轉食戒　具緣
如上　别緣有五一先受前家五正食請二食體請淨堪飽足之三更異家受五正食
請四无因緣謂除有二病及施衣時捨請回緣不犯五隨食即犯以初二緣前對第
三後請可為三對四句一前後俱正提中二差互次一俱不正下三皆吉羅須足之不足之
為四初前後俱足犯提罪須三差互等量得吉羅須淨為四俱淨前淨此皆
皆提餘二皆吉　已下而明戒本此因開食粥後食檀越譏嫌比丘举過仏便制戒
若比丘展轉食除餘時波逸提除時者病時施衣時是謂餘時　此滿足之戒本文
有四句一犯人二所犯事三開緣四結罪時者已下謂前末二初句可知二言展轉食
者律云時請食也請有二種一僧次二别請食謂五正食飯麨乾飯等三言除
餘時者是開緣也如下說四言波逸提者是犯句五言開緣中二病時者為比丘

餘時者是開緣々於下說四言彼逆從者是犯句言開緣中言病時者為病比丘
不能好坐一食今足故聽无犯言施衣時者有二々月衣時為迦提月五月
衣為功德衣月故律云自恣竟无功德衣一月若有衣五月更復有餘施
食及衣聽受皆請　問所以開病者病人苦惱若不開所宜不命難存又
施主體知不生譏嫌故皆无罪　非情所祈十二月常開不簡時施衣開者有
二義一為益比丘有待之形假衣資養若施時不受後須難得恐无理求多
生患累二者為利家施主使衣食二施並獲得兩種反報之福為斯二益
故聖制許衣利既重或長貪結故以時開之非一切時故文言一月五月律云有
餘施衣聽受者前言一月是時提時望衣之食之是時衣家之餘望時无開
要假施食及衣故言有請後衣請取衣无犯還前家食不食違信故言三
前家食請後多請皆犯提罪衣作頭多有三句一前衣食請後多衣食請
聽皆无罪以衣後或多反勝二家並前食請後望衣請如前三並前家衣食
後催食請犯提　祇律云若到餘家言今我家食即名請處作食未熟
欲往他家應白而起不白者至彼得亦食犯二提罪一白故二皆前請故四云
律云若得多請應捨前請而受一請不尒者唱々犯墮一若不捨後請食前請
唱言若一日受十請食家後犯一提八吉以其々初一是前餘八是後若從後九得
九吉羅若食中間比說可知伽論云若受前請往至請家坐上未食若更有

九吉竊若食中間以説可知伽論云若受前請往至請家坐上未食若更有
異家送食若食後家食犯若請食前請已即坐食後家食无犯　律云
不犯者若病時施衣一日得多請自受一請餘者迴施与人若請非正食或不
足食或无請處隨食不犯或一處再設五正施主一故多无皆請一切無不犯
別衆食戒第卅三　制意有二一慈慜白衣故然檀食有限事難普周人
少易供多須嫌生惱損重故制別食二為攝難調人故恐自結別衆相麼以
惣衆僧故制不聽別食　次釋名者能別之人食處成衆以衆別他不共同宗故
曰別衆食戒　次解具緣通緣如上別緣有七一有施主二別請別乞三五正食體
清淨在時四食處成衆五知界內不盡集六无因緣七食便犯　已下正
明戒本此戒因達提婆達多与五比丘家家乞食故佛制戒　若比丘別衆
食除餘時波逸提除時者病時作衣時施衣時道行時乘船時大衆集
時沙門施食時此是時　此滿足戒本文一目[illegible]別衆食三除

BD00567 妙法蓮華經卷二

（後秦）鳩摩羅什 譯

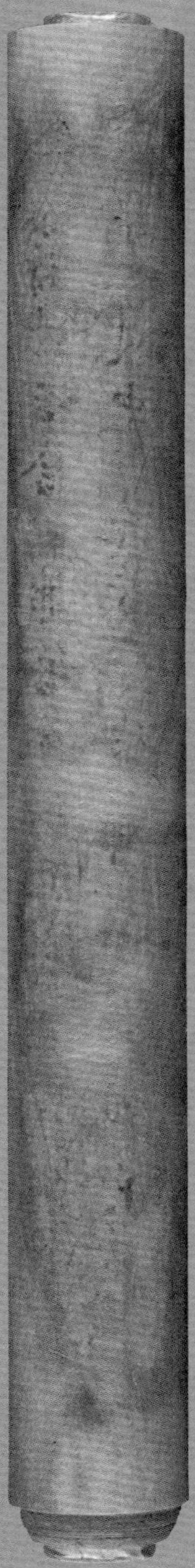

265.8cm × 26.3cm

轉无上法輪
尒時佛告舍利弗吾今於天人沙門婆羅門
等大衆中說我昔曾於二萬億佛所无上道
故常教化汝汝亦長夜隨我受學我以方便
引導汝故生我法中舍利弗我昔教汝志願
佛道汝今悉忘而便自謂已得滅度我今
還欲令汝憶念本願所行道故爲諸聲聞說
是大乘經名妙法蓮華教菩薩法佛所護念
舍利弗汝於未來世過无量无邊不可思議
劫供養若干千萬億佛奉持正法具足菩薩
所行之道當得作佛号曰華光如來應供正
遍知明行足善逝世間解无上士調御丈夫
天人師佛世尊國名離垢其土平正清淨嚴
飾安隱豐樂天人熾盛琉璃爲地有八交道

黄金為繩以界其側其傍各有七寶行樹常
有華菓華光如來亦以三乘教化衆生舍利
弗彼佛出時雖非惡世以本願故說三乘法
其劫名大寶莊嚴何故名曰大寶莊嚴其國
中以菩薩為大寶故彼諸菩薩无量无邊不
可思議筭數譬喻所不能及非佛智力无量
知者若欲行時寶華承足此諸菩薩非初發
意皆久殖德本於无量百千萬億佛所淨修
梵行恒為諸佛之所稱歎常修佛慧具大神通
善知一切諸法之門質直无偽志念堅固如
是菩薩充滿其國舍利弗華光佛壽十二
小劫除為王子未作佛時其國人民壽八小劫
華光如來過十二小劫授堅滿菩薩阿耨
多羅三藐三菩提記告諸比丘是堅滿菩薩
次當作佛号曰華足安行多陁阿伽度阿羅

羅三藐三菩提記
次當作佛号曰華足安行多陁阿伽度阿羅
訶三藐三佛陁其佛國土亦復如是舍利弗
是華光佛滅度之後正法住世三十二小劫像
法住世亦三十二小劫尒時世尊欲重宣此
義而說偈言

舍利弗來世　成佛普智尊　号名曰華光　當度无量衆
供養无數佛　具足菩薩行　十力等功德　證於无上道
過无量劫已　劫名大寶嚴　世界名離垢　清淨无瑕穢
以瑠璃爲地　金繩界其道　七寶雜色樹　常有華菓實
彼國諸菩薩　志念常堅固　神通波羅蜜　皆已悉具足
於无數佛所　善學菩薩道　如是等大士　華光佛所化
佛爲王子時　棄國捨世榮　於最末後身　出家成佛道
華光佛住世　壽十二小劫　其國人民衆　壽命八小劫
佛滅度之後　正法住於世　三十二小劫　廣度諸衆生
正法滅盡已　像法三十二　舍利廣流布　天人普供養

華光佛所爲　其事皆如是　其兩足世尊　最勝无倫匹
彼即是汝身　宜應自欣慶
尒時四部衆比丘比丘尼優婆塞優婆夷天
龍夜叉乹闥婆阿脩羅迦樓羅緊那羅摩睺
羅伽等大衆見舍利弗於佛前受阿耨多羅
三藐三菩提記心大歡喜踊躍无量各各脫
身所著上衣以供養佛釋提桓因梵天王等
與无數天子亦以天妙衣天曼陁羅華摩訶
曼陁羅華等供養於佛所散天衣住虛空中
而自迴轉諸天伎樂百千萬種於虛空中一時
俱作雨衆天華而作是言佛昔於波羅柰
初轉法輪今乃復轉无上最大法輪尒時諸
天子欲重宣此義而說偈言
昔於波羅柰　轉四諦法輪　分別說諸法　五衆之生滅
今復轉最妙　无上大法輪　是法甚深奧　少有能信者

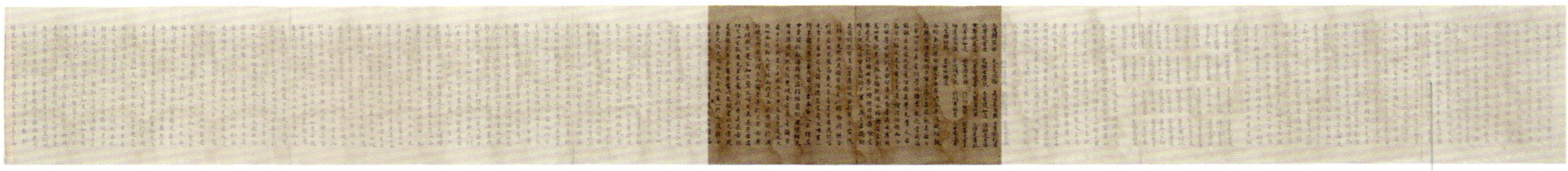

今復轉最妙　无上大法輪　是法甚深奧　少有能信者
我等從昔来　數聞世尊說　未曾聞如是　深妙之上法
世尊說是法　我等皆隨喜　大智舍利弗　今得受尊記
我等亦如是　必當得作佛　於一切世間　最尊无有上
佛道叵思議　方便隨宜說　我所有福業　今世若過世
及見佛功德　盡迴向佛道
尒時舍利弗白佛言世尊我今無復疑悔親
於佛前得受阿耨多羅三藐三菩提記是諸千
二百心自在者昔住學地佛常教化言我法
能離生老病死究竟涅槃是學无學人亦
各自以離我見及有无見等謂得涅槃而今
於世尊前聞所未聞皆墮疑惑善哉世尊願
爲四衆說其因緣令離疑悔尒時佛告舍利
弗我先不言諸佛世尊以種種因緣譬喻言
辭方便說法皆爲阿耨多羅三藐三菩提耶

是諸所說皆為化菩薩故然舍利弗今當復
以譬喻更明此義諸有智者以譬喻得解舍
利弗若國邑聚落有大長者其年衰邁財富
无量多有田宅及諸僮僕其家廣大唯有一
門多諸人眾一百二百乃至五百人止住其
中堂閣朽故墻壁隤落柱根腐敗梁棟傾危
周帀俱時欻然火起焚燒舍宅長者諸子
若十二十或至三十在此宅中長者見是大火
從四面起即大驚怖而作是念我雖能於此
所燒之門安隱得出而諸子等於火宅內樂
著嬉戲不覺不知不驚不怖火來逼身苦痛
切己心不猒患无求出意舍利弗是長者作
是思惟我身手有力當以衣裓若以几案從
舍出之復更思惟是舍唯有一門而復狹小
諸子幼稚未有所識戀著戲處或當墮落

舍出之後更思惟是舍唯有一門而復狹小
諸子幼稚未有所識戀著戲處或當墮落
爲火所燒我當爲說怖之事此舍已燒宜時
疾出无令爲火之所燒害作是念已如所思
惟具告諸子汝等速出父雖憐愍善言誘喻
而諸子等樂著嬉戲不肯信受不驚不畏了
无出心亦復不知何者是火何者爲舍云何
爲失但東西走戲視父而已尒時長者即作
是念此舍已爲大火所燒我及諸子若不時
出必爲所焚我今當設方便令諸子等得免
斯害父知諸子先心各有所好種種珎玩奇
異之物情必樂著而告之言汝等所可玩好
希有難得汝若不取後必憂悔如此種種
羊車鹿車牛車今在門外可以遊戲汝等於此
火宅宜速出來隨汝所欲皆當與汝尒時諸

子聞父所說珍玩之物適其願故心各勇鋭
互相推排競共馳走爭出火宅是時長者見
諸子等安隱得出皆於四衢道中露地而坐
无復障礙其心泰然歡喜踊躍時諸子等各
白父言父先所許玩好之具羊車鹿車牛車
願時賜與舍利弗尒時長者各賜諸子等一
大車其車高廣衆寶莊嚴周匝欄楯四面懸
鈴又於其上張設幰蓋亦以珍奇雜寶而嚴
飾之寶繩交絡垂諸華瓔重敷綩綖安置丹
枕駕以白牛膚色充潔形體姝好有大筋力
行步平正其疾如風又多僕從而侍衛之所
以者何是大長者財富无量種種諸藏悉皆
充溢而作是念我財物无極不應以下劣小
車與諸子等今此幼童皆是吾子愛无偏黨
我有如是七寶大車其數无量應當等心各

我有如是七寶大車其數无量應當等心各
各與之不宜差別所以者何以我此物周給
一國猶尚不匱何況諸子是時諸子各乘大
車得未曾有非大所望舍利弗於汝意云何
是長者等與諸子珍寶大車寧有虛妄不舍
利弗言不也世尊是長者但令諸子得免火
難全其軀命非為虛妄何以故若全身命便
為已得玩好之具況復方便於彼火宅而拔濟
之世尊若是長者乃至不與最小一車猶不
虛妄何以故是長者先作是意我以方便令
子得出以是因緣无虛妄也何況長者自知
財富无量欲饒益諸子等與大車佛告舍
利弗善哉善哉如汝所言舍利弗如來亦復
如是則為一切世間之父於諸怖畏衰惱憂
患无明闇蔽永盡無餘而悉成就无量知見

力无所畏有大神力及智慧力具足方便智
慧波羅蜜大慈大悲常无懈惓恒求善事利
益一切而生三界朽故火宅為度衆生生老
病死憂悲苦惱愚癡闇蔽三毒之火教化令
得阿耨多羅三藐三菩提見諸衆生為生老
病死憂悲苦惱之所燒煑亦以五欲財利故
受種種苦又以貪著追求故現受衆苦後受
地獄畜生餓鬼之苦若生天上及在人間貧窮
困苦愛別離苦怨憎會苦如是等種種諸苦
衆生沒在其中歡喜遊戲不覺不知不驚不
怖亦不生猒不求解脫於此三界火宅東西
馳走雖遭大苦不以為患舍利弗佛見在已
便作是念我為衆生之父應拔其苦難與無
量无邊佛智慧樂令其遊戲舍利弗如來復
作是念若我但以神力及智慧力舍於方便

作是念若我但以神力及智慧力捨於方便
為諸衆生讚如来知見力无所畏者衆生不
能以是得度所以者何是諸衆生未免生老
病死憂悲苦惱而為三界火宅所燒何由能
解佛之智慧舍利弗如彼長者雖復身手
有力而不用之但以慇懃方便免濟諸子火宅
之難然後各與珎寶大車如来亦復如是雖
有力无所畏而不用之但以智慧方便於三
界火宅拔濟衆生為説三乘聲聞辟支佛
乘而作是言汝等莫得樂住三界火宅勿貪
麁弊色聲香味觸也若貪著生愛則為所燒
汝速出三界當得三乘聲聞辟支佛佛乘我
今為汝任此事終不虛也汝等但當勤修
精進如来以是方便誘進衆生復作是言汝

BD00568 維摩詰所說經卷中

（後秦）鳩摩羅什 譯

106cm × 26cm

一切國土中　諸有地獄處　輒往到於彼　[illegible]
一切國土中　畜生相食噉　皆現生於彼　為之作利益
亦受於五欲　亦復現行禪　令魔心憒亂　不能得其便
火中生蓮花　是可謂希有　在欲而行禪　希有亦如是
或現作婬女　引諸好色者　先以欲鉤牽　後令入佛智
或為邑中主　或作商人導　國師及大臣　以祐利眾生
諸有貧窮者　現作无盡藏　因以勸導之　令發菩提心
我心憍慢者　現為大力士　消伏諸貢高　令住佛上道
其有恐懼眾　居前而慰安　先施以无畏　後令發道心
或現離婬欲　為五通仙人　開道諸群生　令住戒忍慈
見須供事者　現為作僮僕　既悅可其意　乃發以道心
隨彼之所須　得入於佛慧　以善方便力　皆能給足之
如是道无量　所行无有涯　智慧无邊際　度脫无數眾
假令一切佛　於无數億劫　讚嘆其功德　猶尚不能盡

誰聞如是法　不發菩提心　除彼不肖人　癡冥无智者

入不二法門品第九

尒時維摩詰語衆菩薩言諸仁者云何菩薩
入不二法門各隨所樂說之會中有菩薩名
法自在說言諸仁者生滅為二法本不生今
則无滅得此无生法忍是為入不二法門
德守菩薩曰我我所為二因有我故便有我
所若无有我則无我所是為入不二法門
不眴菩薩曰受不受為二若法不受則不可得
以不可得故无取无捨无作无行是為入
不二法門
德頂菩薩曰垢淨為二見垢實性則无淨相
順於滅相是為入不二法門
善宿菩薩曰是動是念為二不動則无念无

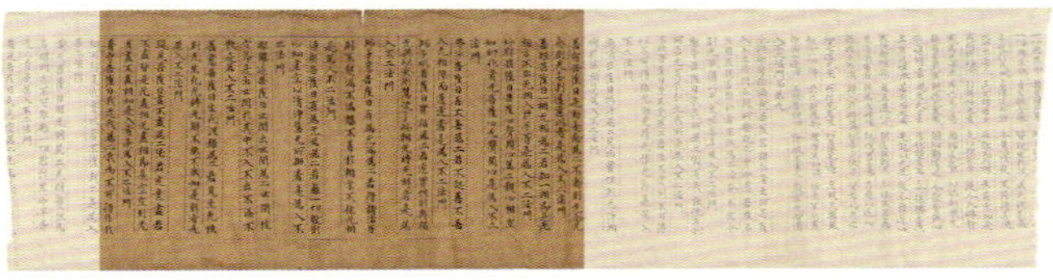

善宿菩薩曰是動是念爲二不動則无念无
念則无分别通達此者是爲入不二法門
善眼菩薩曰一相无相爲二若知一相即是无
相亦不取无相入於平等是爲入不二法門
妙臂菩薩曰菩薩心聲聞心爲二觀心相空
如幻化者无菩薩心无聲聞心是爲入不二
法門
弗沙菩薩曰善不善爲二若不起善不善
入无相際而通達者是爲入不二法門
師子吼菩薩曰罪福爲二若達罪性則與福
无異以金剛慧決了此相无縛无解者是爲
入不二法門
師子意菩薩曰有漏无漏爲二若得諸法等
則不起漏不漏想不著於相亦不住无相

是爲入不二法門
淨解菩薩曰有爲无爲爲二若離一切數則
心如虛空以清淨慧无所礙者是爲入不
二法門
那羅延菩薩曰世間出世間爲二世間性
空即是出世間於其中不入不出不溢不
散是爲入不二法門
善意菩薩曰生死涅槃爲二若見生死性
則无生死无縛无解不然不滅如是解者是
爲入不二法門
現見菩薩曰盡不盡爲二法若究竟盡若
不盡皆是无盡相无盡相即是空空則无
有盡不盡相如是入者是爲入不二法門
普守菩薩曰我无我爲二我尚不可得非我

普守菩薩曰我无我為二我尚不可得非我
何可得見我實性者不復起二是為入
不二法門
電天菩薩曰明无明為二无明實性即
是明明亦不可取離一切數於其中平等
无二者是為入不二法門
喜見菩薩曰色色空為二色即是

BD00569 四分律戒本疏卷三

沙門慧述

87.5cm × 26.7cm

先
取牛屎若生草覆道以杖
經行地土石若掃經行地若以杖築地而撲殺生草木者
語惱僧戒十三 制意者見身口業綺散而難制過不至重惱衆非擇事
須衆僧作法呵制仍作不止長作惱僧其過不淺故隨得罪 別緣有五
一身口業二數惱不止三作白呵制四僧如法喚問五更作便犯已下兩戒
本此戒未作制前未有僧今衆法呵遠但犯小愆制後遠者方犯提罪
口業綺者作異語之名身業綺者作身惱之稱雖前後二結違制要
同合為一下戒口餘三過妄毀兩舌惱境事重直作即提此之綺者事似輕
教惱衆不少故制方犯提如闡陀比丘犯罪餘比丘問以別事荅仏依呵已
作餘語白後依惱衆喚來不來乃至不應語而語又仏呵已作身惱自固
此制戒 若比丘妄作異語惱他者波逸提 此戒本文有三節 初略制諸
結後滿足制持此滿足之戒本句有三一犯人二惱業三結罪初句可知二言妄作
餘語惱他者於中分二 初僧未白前妄作餘語者律云餘語者汝向誰
說為何事為論何理為我說為係說我不見此罪如是語者犯吉若
僧白已如是語者犯提 二惱他者如律中說僧喚來不來乃至不應語
而語未白前如是惱者得吉羅若白已作者犯提 三言波逸提者是遠
已又罪事云如上惱僧者了犯提若上座喚來不來吉羅 不犯者重聽

不解前語有餘錯便言誹謗說為論何事乃至我不見此罪若欲作
非法无利損惱不和合喚來不來不犯若為作非法損惱若不欲知教
言莫來便來不犯若一坐食若不作餘食法食若病要起不起不犯
不犯若令難梵難教莫起便起不犯若惡心問不了說若作非法事
便語者若不語錯誤一切不犯又見亦畏戒訶僧嘿然者得
嫌罵戒第十三　制意者凡僧務事廣受ミ不易故簡倫德ミ人如法斷
理宜應讚嘆令彼勤營反壞者怒發言嫌罵令彼生惱癈營僧事
撿壞不甚是故須制　次釋名者見而不同受說有愛恚名嫌聞不見受
名罵雖前後二結同惱知事令為一戒　次弁具緣通緣如上別緣有六
一是損惱所看二知是所差人三如法經營无愛恚等四說嫌罵語言
五詞了ミ六前人見而不聞ミ而不見便犯　闕緣比說可知ミ下四闕
戒本此戒因慈地比丘於ミ沓婆比丘所有根故齋眼見受譏嫌餘比丘
白仏ミ便訶制戒後又於聞處罵以事白仏ミ乘前重制此戒故律云初
略後隨後廣制ミ若比丘嫌罵者波逸提　此滿是戒本文有三句ミ犯人二
罵業三緣犯初句可知嫌罵者律云嫌者謂面見不聞受謗言有所
有恚有怖有癡等是言罵者身面耳聞不見受而設罵三言波逸提
者是邊犯罪問此罵戒何別答前非知事人此是知事人又前戒實不
實犯此戒實不犯虛律云若虛嫌罵者隨嫌隨罵ミ隨ミ若不受上座
教嫌罵又四重罪　律云不犯比丘ミ實有此事恐後悔恨語令如法發露

實犯此戒實不犯虛律云若虛嫌罵者隨嫌隨罵〻隨若不受上座
教嫌罵者吉羅 律云不犯者實有其事恐後悔恨語令如法發露
便言有愛恚等〻若戲若錯說者並皆不犯 露處敷僧卧具戒第十
四制意者多論云三義故制此戒一卧具是四方僧物皆是篤信檀越所
施供僧受用利益事應理宜賞護資身行道得安樂故二既施主〻物
詳心受惜常在受用為令增長信敬之心三用助收舉使僧物不壞令
受用功德叉資施主善根成就故為茲三益是以聖制 別緣有六一四方
僧卧具二知是僧物三露處四自敷使人敷為己受用五去時不自舉不
教人舉六出門使犯 十云出門卅九步初廿五時乃犯已下丙明戒本此戒曰
六群比丘敷僧坐具〻忘去不收風虫所汙仏使制戒 若比丘取僧繩床
木林若卧具坐褥露地敷〻若教人敷捨去不自舉不教人舉者波逸提
此滿足戒本文有四句一犯人二是僧物三露已下丙明戒受用四捨去下結不舉
之罪 一言若比丘者義如上辨 二言取僧物者律云僧者謂四方現前僧 言
物者繩床有五旋脚直脚曲脚入陛无脚 木床亦有五種如上所說卧具
或用坐或用卧坐褥者襆常用坐此等四種皆是僧物 三言露地敷若教人敷
是其露地受用 四言捨去不自舉不教人舉波逸提者是不舉之罪 律云若
比丘敷僧物已而不收舉出寺時不囑知事者出門使犯隨若方便還悔者吉
羅若二人同坐下座收不者犯二罪上座犯一罪若具不收二具俱犯人論去上座

下座床上座床下座謂上坐收而上座不收下座犯提及吉上座當收下座竟
不收上座犯提二人不前不後俱不收二俱得提若露敷僧物而入房思惟吉
五分見僧卧具在露地以不自敷不使人敷故而不舉乃至到尼僧寺敷尼僧卧
具不舉名提又俗人家會借僧卧具食訖比丘不舉名提祇云若行路中悅乱
草坐已去時聚已當去　多示露地敷已不囑人遂行諸去房舍　不犯者律云
若取僧物露地敷上座時語知事人令知若无餘人當舉著屏處若无屏處
処不知失當持處者覆好者上若即時還使應隨雨中疾及時還應往彼次第
作是方便應去若不尒者初出門即犯提罪　屏處敷僧卧具戒第十五
制意同前六緣成犯一是僧物二知僧是物三屏處四為己敷用五去時不舉六過
限便已下兩明戒本戒同容比丘在邊房敷卧具宿去時不語知事卧具爛壞
[illegible]戒若比丘於僧房中敷僧卧具若自敷若教人敷若坐
[illegible]是戒本文有五句一犯人二屏處一

圖書在版編目（CIP）數據

中國國家圖書館藏敦煌文獻. 第三九册 / 中國國家圖書館編. —北京：國家圖書館出版社，2024. 12
ISBN 978-7-5013-7962-0

Ⅰ. ①中… Ⅱ. ①中… Ⅲ. ①敦煌學—文獻 Ⅳ. ① K870. 6

中國國家版本館 CIP 數據核字（2024）第 036581 號

書　　名　中國國家圖書館藏敦煌文獻·第三九册
著　　者　中國國家圖書館　編
項目統籌　魏　崇　殷夢霞
責任編輯　程魯潔　潘　竹　黄　鑫　苗文葉
責任校對　王　哲

出版發行　國家圖書館出版社（北京市西城區文津街 7 號　100034）
（原書目文獻出版社　北京圖書館出版社）
010-66114536　63802249　nlcpress@nlc.cn（郵購）
網　　址　http://www. nlcpress. com
排版印裝　天津裕同印刷有限公司
版次印次　2024 年 12 月第 1 版　2024 年 12 月第 1 次印刷

開　　本　787 × 1092　1/8
印　　張　40.5
書　　號　ISBN 978-7-5013-7962-0
定　　價　2800.00 圓